Teresa Johanna Bless

Erfolgreich in der Gastronomie

Entwicklungen und Trends in der deutschen Esskultur

Diplomica® Verlag GmbH

Bless, Teresa Johanna: Erfolgreich in der Gastronomie. Entwicklungen und Trends in der deutschen Esskultur, Hamburg, Diplomica Verlag GmbH 2008

ISBN: 978-3-8366-6016-7
Druck Diplomica® Verlag GmbH, Hamburg, 2008
Covermotiv: © Michael Röhrich - Fotolia.com
Umschlaggestaltung: Diplomica Verlag

Bibliografische Information der Deutschen Bibliothek
Die Deutsche Bibliothek verzeichnet diese Publikation in der Deutschen Nationalbibliografie;
detaillierte bibliografische Daten sind im Internet über
<http://dnb.ddb.de> abrufbar.

Inhaltsverzeichnis

Verzeichnis der Tabellen

Verzeichnis der Abbildungen

Verzeichnis der Abkürzungen

AfG	Alkoholfreie Getränke
AHM	Außer-Haus-Markts
BMI	Body Mass Index
BVE	Bundesvereinigung der deutschen Ernährungsindustrie
DGE	Deutsche Gesellschaft für Ernährung
EAACI	Europäische Akademie für Allergologie und Klinische Immunologie
ESFA	Europäische Behörde für Lebensmittelsicherheit
EVS	Einkommens- und Verbrauchsstichproben
FINE	internationale Vereinigung der Dachorganisationen des Fairen Handels von FLO, IFAT, NEWS! und EFTA
FLO	Fairtrade Labelling Organisation International
FOSHU	Foods for specified Health Use
FUFOSE	Functional Food Science in Europe
GV	Großverbraucher
GVO	Gentechnisch veränderter Organismus
LEH	Lebensmitteleinzelhandel
LMBG	Lebensmittel- und Bedarfsgegenständegesetz
LMU	Lebensmittel-Unverträglichkeit
MSC	Marine Stewardship Council
NMG	Gesetz betreffend den Verkehr mit Nahrungsmitteln, Genussmitteln und Gebrauchsgegenständen
NVS II	Nationale Verzehrsstudie II
TK	Tiefkühl
UNDP	United Nations Development Programme
WHO	Weltgesundheitsorganisation
WWF	World Wide Fund For Nature

Verzeichnis der Anhänge

1 EINFÜHRUNG UND PROBLEMSTELLUNG

Jeder Mensch hat seine ganz persönlichen Vorstellungen, was er unter Esskultur versteht. Deshalb geht es zunächst einmal darum, zu klären, was Esskultur eigentlich ist.

Kultur ist die Summe aller Errungenschaften der Menschen. Demnach umfasst Esskultur alles, was mit Essen verbunden und von Menschen entwickelt und hergestellt wurde. Sie bezieht sich sowohl auf die materielle als auch auf die immaterielle Ebene. [1]

Esskultur ist etwas womit wir aufwachsen und deshalb als ein Teil unserer Identität anzusehen. Damit hat sie für uns eine Selbstverständlichkeit und ist nicht so einfach austauschbar.[2] Gleichzeitig unterliegt sie ständigen Veränderungen, die durch die kulturellen Errungenschaften beeinflusst werden.[3]

Zu den materiellen Errungenschaften bezüglich der Ernährung gehören alle landwirtschaftlichen, industriellen und marktwirtschaftlichen Entwicklungen, deren Auswirkungen auf unser Lebensmittelangebot, die Lebensmittelqualität und Versorgungsmöglichkeiten und individuelle, kollektive und gesellschaftliche Rahmenbedingungen.[4]

Die immateriellen Errungenschaften bezüglich der Ernährung umfassen die wissenschaftliche und technologische Entwicklung und die Verbreitung und Nutzung des kollektiven Wissens. Auch der Zugang des Einzelnen zu diesem Wissen und die Möglichkeiten es nutzbar zu machen spielen eine Rolle. Außerdem gehören individuelle und gesellschaftliche Wertesysteme, Gesellschaftsstruktur und ganz persönliche Vorstellungen dazu.[4]

---

1) vgl.: METHFESSEL, Barbara: *Esskultur und familiale Alltagskultur.* [Online im Internet] http://www.familienhandbuch.de/cms/Ernaehrung_Esskultur.pdf [02.01.2007, 15:56 MEZ].
2) METHFESSEL, Barbara: *Esskultur und familiale Alltagskultur.* [Online im Internet] http://www.familienhandbuch.de/cms/Ernaehrung_Esskultur.pdf [02.01.2007, 15:56 MEZ].
3) METHFESSEL, Barbara: *REVIS Fachwissenschaftliche Konzeption: Soziokulturelle Grundlagen der Ernährungsbildung.* Paderborner Schriften zur Ernährungs- und Verbraucherbildung, Band 7, Universität Paderborn, 2005. [Online im Internet] URL: http://www.ernaehrung-und-verbraucherbildung.de/docs/07_2005-Soziokulturelle_Grundlagen.pdf [02.11.2006, 22:48 MEZ].
4) vgl.: METHFESSEL, Barbara: *REVIS Fachwissenschaftliche Konzeption: Soziokulturelle Grundlagen der Ernährungsbildung.* Paderborner Schriften zur Ernährungs- und Verbraucherbildung, Band 7, Universität Paderborn, 2005. [Online im Internet] URL: http://www.ernaehrung-und-verbraucherbildung.de/docs/07_2005-Soziokulturelle_Grundlagen.pdf [02.11.2006, 22:48 MEZ].

Esskultur ist also weitaus vielschichtiger als der Begriff zunächst vermuten lässt.[5] Daher ist es Ziel dieser Studie, einen umfassenden Überblick über die deutsche Esskultur zu geben. Dafür soll herausgearbeitet werden, von welchen kulturellen Errungenschaften sie beeinflusst wird und welchen Trends sie folgt.

Der erste Teil der Studie beschäftigt sich zunächst mit der geschichtlichen Entstehung der deutschen Esskultur. Dies bildet die Grundlage für den zweiten Abschnitt, die Beschreibung der Ist-Situation in Deutschland in Bezug auf die Esskultur. Dabei geht es darum, die gesellschaftlichen, individuellen und wirtschaftlichen Hintergründe der Entwicklungen deutlich zu machen. Also welche gesellschaftlichen Veränderungen sich auf unsere Ernährung auswirken, wie wir uns als Verbraucher ernähren und verhalten und wie und unter welchen rechtlichen Grundlagen unsere Lebensmittel hergestellt und vertrieben werden. Im dritten Teil der Studie werden die Trends, die sich in der deutschen Esskultur herauskristallisieren, einzeln vorgestellt und bezüglich ihrer Verankerung in der deutschen Ist-Situation untersucht.

Der letzte Teil der Studie beschäftigt sich mit den Auswirkungen auf die Gastronomie. In diesem Segment machen sich unsere verändernden Gewohnheiten schnell bemerkbar. Deshalb ist es sehr wichtig, unsere Esskultur zu verstehen und die Entwicklungen zu verfolgen, um als Gastronom aktiv und kundenorientiert handeln zu können. Schließlich beinhalten Veränderungen auch immer die Chance, sich neu zu profilieren. Dazu werden zunächst die einzelnen Trends in der deutschen Esskultur bezüglich ihrer Auswirkungen auf die Gastronomie untersucht. Zusätzlich werden einige, zurzeit sehr erfolgreiche und beliebte Konzepte aus der Gastronomie vorgestellt und nach den Gründen für den Erfolg gesucht.

---

5) METHFESSEL, Barbara: *REVIS Fachwissenschaftliche Konzeption: Soziokulturelle Grundlagen der Ernährungsbildung.* Paderborner Schriften zur Ernährungs- und Verbraucherbildung, Band 7, Universität Paderborn, 2005. [Online im Internet] URL: http://www.ernaehrung-und-verbraucherbildung.de/docs/07_2005-Soziokulturelle_Grundlagen.pdf [02.11.2006, 22:48 MEZ].

2 Die deutsche Küche und ihre Einflüsse

Wichtig für das Verständnis der heutigen Esskultur in Deutschland ist die Kenntnis über ihre Entstehung. Im folgenden Kapitel sollen deshalb die geschichtliche Entstehung der heutigen deutschen Esskultur dargestellt, die „typisch deutsche“ Küche vorgestellt und die technologischen Fortschritte, die die Entstehung unterstützt haben, zusammengefasst werden.

2.1 Die Geschichte der deutschen Esskultur

In den „Goldenen Zwanzigern“ hatte sich ein gewisser materieller Aufschwung eingestellt, der mit einer Diskussion um die Qualität von Lebensmitteln, dem Einsatz schonender Garverfahren und erstmaligen Versuchen künstlicher Vitaminzufuhr einherging.[6] Dieser wurde jedoch durch den zweiten Weltkrieg wieder unterbrochen. Zur Zeit des Nationalsozialismus wurde alles Fremde abgelehnt, dazu zählten Rezepte, Bezeichnungen und Zubereitungsarten. Außerdem wurde die Versorgung der Bevölkerung als nationale Aufgabe gesehen und Essensrationen bestimmten den Speiseplan.[7] Damit war diese Zeit vor allem durch den Verzicht geprägt und Neuerungen in der Küche waren kaum möglich. Besonders in der Nachkriegszeit hungerte die Bevölkerung, da mit dem Zusammenbruch der Regierung auch die Versorgung mit Nahrungsmitteln weitgehend eingestellt wurde.[8] Durch die Einteilung in unterschiedlich strukturierte Besatzungszonen gewannen die Besatzungsmächte großen Einfluss auf die Esskultur der jeweiligen Zone. So wurde die Notsituation im Westen durch Hilfslieferungen immer wieder gemildert, im Osten gab es solche Hilfen nicht. Erst mit Inkrafttreten des Marshall-Plans am 5. Juni 1947[9] und der Einführung der D-Mark verbesserte sich die Situation im Westen und es gab wieder genügend Lebensmittel, die allerdings noch sehr teuer waren. Durch die Jahre der Entbehrung war ein großer Nachholbedarf entstanden und es entwickelte sich die so genannte „Fresswelle“.[10] Besonders begehrt waren Anfang der fünfzi-

---

6) Hirschfelder, Gunther: *Europäische Esskultur.* Frankfurt/Main: Campus Verlag, 2001.
7) Hirschfelder, Gunther: *Europäische Esskultur.* Frankfurt/Main: Campus Verlag, 2001.
8) Klose, Birgit & Schmelz, Barbara: *Der Fleischmythos.* Kassel, Arbeitsbericht des Fachbereichs Stadtplanung und Landschaftsplanung, Heft 72, 1987.
9) Held, Valentin: *Marshallplan.* URL: http://de.wikipedia.org/wiki/Marshallplan [17.12.2006, 23:54 MEZ].
10) Klose, Birgit & Schmelz, Barbara: *Der Fleischmythos.* Kassel, Arbeitsbericht des Fachbereichs Stadtplanung und Landschaftsplanung, Heft 72, 1987.

ger Jahre Zucker, das damals wichtigste Konservierungsmittel für Obst, um Vorräte für den Winter anzulegen,[11] „Butter, Sahne, Alkoholika und vor allem Fleisch".[12] Viele Neuerungen auf dem Markt in den fünfziger und sechziger Jahren kamen aus Amerika und erfreuten sich wachsender Beliebtheit, auch aufgrund des damit verbundenen Gefühls von Freiheit. Typische Produkte waren zum Beispiel Coca-Cola, Mais und Ananas aus der Dose und das Grillen wurde eine beliebte Freizeitbeschäftigung.[13] Typische Gerichte für Gäste entstanden, zum Beispiel der „Toast Hawaii", Mosaikbrot (ein mit Butter, Senf und Schinken gefülltes Weißbrot), Käseigel und „Fliegenpilzeier" (gekochte halbierte Eier mit einer halben Tomate und Mayonnaise-Tupfen auf der Schale)[14]. Bei einer täglichen Kalorienzufuhr von durchschnittlich 3000 Kalorien in den Jahren 1954/55 ist es nicht verwunderlich, dass bald schon die ersten Deutschen übergewichtig wurden.[15] Mit der ersten Reisewelle nach Norditalien steigt die Nachfrage nach Nudeln und Pizza und die Firma Sonnen Bassermann brachte 1953 als eines der ersten Fertiggerichte die „Sonnen Eier-Ravioli" aus der Konservendose auf den Markt.[16] Auch die ersten Gastarbeiter aus Italien, Spanien, Griechenland, Jugoslawien, Portugal und der Türkei förderten mit ersten ausländischen Restaurants die Entwicklung einer multinationalen Küche. 1971 eröffnete McDonald`s seine ersten Filialen in Deutschland[17] und das Fleischfondue und Schinken im Brotteig wurden die neuen Modegerichte.[18] Gleichzeitig wurde aber auch erste Kritik am „Konsumterror" der Industrie laut[19] und mit dem Reaktorunfall von Tschernobyl am 26.April 1986 rückten Umweltschutzfragen weiter in den Vordergrund.

In Ostdeutschland entwickelte sich die Küche bedingt durch die vorherrschende Mangelwirtschaft zwar etwas eingeschränkter, die Art der bevorzugten Lebensmittel war

---

11) BOSSHAMMER, Ulla: *Gebt den Hausfrauen Zucker.* In: Lebensmittel Zeitung Spezial Nr. 3, Jg. 11 (2006), S.12.
12) HIRSCHFELDER, Gunther: *Europäische Esskultur.* Frankfurt/Main: Campus Verlag, 2001.
13) BOSSHAMMER, Ulla: *Amerika-Kult.* In: Lebensmittel Zeitung Spezial Nr. 3, Jg. 11 (2006), S.13.
14) FICHTNER, Ulrich: *Tellergericht.* 2. Auflage. München: Deutsche Verlags-Anstalt, 2004.
15) BOSSHAMMER, Ulla: *Durch dick und dünn.* In: Lebensmittel Zeitung Spezial Nr. 3, Jg. 11 (2006), S.14.
16) O.N.: *Sonnen Bassermann – Ein Meilenstein der deutschen Esskultur.* URL: http://www.public.sonnen-bassermann.de/index.php?c=c_philosophie.php&sess= [19.12.2006, 14:37 MEZ].
17) LOVE, John F.: *Die McDonald's Story. Anatomie eines Welterfolges.* Deutschsprachige Ausgabe. München: Wilhelm Heyne Verlag, 1996.
18) FICHTNER, Ulrich: *Tellergericht.* 2. Auflage. München: Deutsche Verlags-Anstalt, 2004.
19) BOSSHAMMER, Ulla: *Revolte wider den Konsum.* In: Lebensmittel Zeitung Spezial Nr. 3, Jg. 11 (2006), S.14.

aber die gleiche. Nachdem die Hungerjahre überstanden waren, entstand die für die DDR typische und weit verbreitete Gemeinschaftsverpflegung.[20] Die Küche wurde vor allem durch osteuropäische Einflüsse geprägt und Gerichte wie zum Beispiel Soljanka und Broiler waren beliebt. In den siebziger Jahren wurde die ostdeutsche Küche dann internationaler und ähnlich wie in Westdeutschland kamen schnelle Partygerichte in Mode. Allerdings wurde der Import von Kaffee, Kakao, Nüssen, Südfrüchten und Gewürzen in den achtziger Jahren durch den Devisenmangel erschwert und die Menschen mussten wieder improvisieren.[21]

Der Trend zu Ethnic Food leitete schließlich ein, was mittlerweile selbstverständlich geworden ist: Ob italienische Pasta, mexikanische Tacos, marokkanische Gerichte mit Couscous, japanisches Sushi, indische Currys, Känguru- oder Straußenfleisch, Früchte aus Neuseeland, südamerikanische Nüsse oder amerikanische Muffins, die Experimentierfreude der Deutschen an fremdländischer Küche ist ungebrochen.

---

20) o.N.: *Vier Jahrzehnte DDR-Küche – Historisches im Zeitraffer.* URL: http://www.mdr.de/doku/898482-hintergrund-1673717.html [27.08.2003, 14:25 MEZ].
21) vgl.: o.N.: *Vier Jahrzehnte DDR-Küche – Historisches im Zeitraffer.* URL: http://www.mdr.de/doku/898482-hintergrund-1673717.html [27.08.2003, 14:25 MEZ].

2.2 Die „typisch deutsche“ Küche

Die ursprüngliche deutsche Küche ist so verschieden wie die deutsche Landschaft und ihre damit verbundenen unterschiedlichen Umweltbedingungen. Die vorherrschenden bodenständigen Gerichte sind sehr schmackhaft und regional und saisonal geprägt. Vor allem in jüngster Zeit erfreuen sie sich wieder wachsender Beliebtheit und halten wieder öfter Einzug in die Gastronomie und heimische Küchen.

Die „typisch deutsche“ Küche ist meist sehr deftig. Fleisch und Wurst sind besonders beliebt und es werden alle Teile der Tiere verwendet. Die pflanzlichen Bestandteile der Gerichte sind sehr regional geprägt, Gemeinsamkeiten sind vor allem Kohl und Kartoffeln. Fisch wird überall dort besonders gern gegessen, wo die Menschen nahe an fischreichen Gewässern wohnen. Auf der folgenden Karte lässt sich sehr gut erkennen, welche Vielfalt die deutsche Küche bietet, aber auch, wie viel Gemeinsamkeiten eigentlich bestehen.

Abb. 1: Überblick über die regionalen Spezialitäten Deutschlands

Quelle: eigene Zusammenstellung[22] [23]

---

22) O.N.: *Durchblick – Materialien für Lehrerinnen und Lehrer. 7.1 Kennst du die Bundesländer?* [Online im Internet] URL: http://www.westermann.de/werkservice/werkservice_durchblick.xtp [21.12.2006, 00:02 MEZ].

23) BROMMER, Ulrike [u.a.]: *Der große ADAC-Führer Entdeckungsreise durch Deutschland – Unser Land und seine Küche.* München; Ostfildern: ADAC Verlag; Fink-Kümmerly + Frey Verlag, 1993.

Betrachtet man die einzelnen Bundesländer, so fällt auf, dass jedes Land für sich ganz eigene Gerichte hat und sich trotzdem immer wieder Gemeinsamkeiten finden lassen.

In Schleswig-Holstein liegt es nahe, dass die Küche stark durch das Meer beeinflusst wird. Groß müssen die Portionen sein und es werden sehr oft Fisch und Meeresfrüchte gegessen. Eine Besonderheit ist die Kombination von Süßem mit Saurem, Salzigen oder Geräuchertem. Dorsch ist ein sehr beliebter Fisch und wird meist mit Senfsauce serviert. Birnen, Bohnen und Speck sind ein typisches Beispiel für die Kombination verschiedenster Geschmacksrichtungen.[24]

Hamburg hat mit den bodenständigen Gerichten Schleswig-Holsteins aufgrund der geografischen Lage sehr viele Gemeinsamkeiten. Allerdings ist man hier weltoffener und verwendet Gewürze aus aller Welt. Außerdem lässt sich eine besondere Affinität zur britischen Lebensart feststellen.[24]

Auch in Niedersachsen liebt man es deftig, es gibt aber große regionale Unterschiede. Die Küche ist geprägt von verschiedensten Wurstsorten und man liebt kalorienreiche Mehlsaucen. Speckendicken, das sind Pfannkuchen mit Wurstscheiben, werden in Ostfriesland meist zu Silvester gegessen. Aufgrund der Kontinentalsperre Napoleons wurde aus Mangel an Schildkrötenfleisch die Spezialität Mockturtlesuppe, eine „falsche Schildkrötensuppe“, erfunden. Aus der Lüneburger Heide kommt eine weitere Spezialität, die Heidschnucke, wobei es sich um eine kleinwüchsige Schafrasse handelt, die vor allem Heidekraut frisst. Im Süden spürt man die Nähe zu Thüringen und zum Erzgebirge durch Gerichte wie zum Beispiel deftigen Kartoffelsalat mit Schmorwurst. Nach diesem fettreichen Essen, darf überall in Niedersachsen ein Verdauungsschnaps nicht fehlen.[24]

In Bremen ähnelt die Küche der niedersächsischen. Sie ist ebenfalls sehr deftig. Gewürzt wird allerdings für die Region sehr ungewöhnlich. So ist zum Beispiel Curryhuhn sehr beliebt, was durch die lange Seefahrertradition zustande kommt. Ebenfalls eine Bremer Spezialität ist Braunkohl mit Pinkel, eine Grützwurst. Ursprünglich verwendete man wirklich eine braune Kohlsorte, die mittlerweile aber nicht mehr angebaut wird.

---

24) BROMMER, Ulrike [u.a.]: *Der große ADAC-Führer Entdeckungsreise durch Deutschland – Unser Land und seine Küche.* München; Ostfildern: ADAC Verlag; Fink-Kümmerly + Frey Verlag, 1993.

Deshalb besteht das Gericht aus Grünkohl, der überall im Norden zu finden ist, nur der Name hat sich erhalten.[24]

Besonders fruchtbar sind die Böden in Mecklenburg-Vorpommern, daher ist die Küche auch durch Landwirtschaft und Fischerei geprägt. Fisch, Gänse, Rind- und Schweinefleisch, Milch und Kartoffeln sind die Zutaten für die einfachen und schmackhaften Gerichte. Der typische Mecklenburger Rippenbraten besteht aus angeknacksten Schweinerippchen, die zu einer Tasche gefaltet und gefüllt werden. Zu Matjes gibt es Pellkartoffeln und Speckstippe, eine Sauce aus in Schweinespeck gerösteten Zwiebeln.[24]

Die Küche Nordrhein-Westfalens ist bäuerlich, deftig und reichlich. Außerdem kann man die Einflüsse durch polnische und schlesische Bergarbeiter spüren. Es gibt Gerichte wie rheinischen Sauerbraten, dicke Bohnen mit Speck, „Pfefferpotthast", ein mit Pfeffer gewürztes Rindfleischragout, und „Sauerländer Potthucke", ein Auflauf aus geriebenen Kartoffeln, Wurst und Speck.[24]

In Brandenburg ist die Küche durch die hier angebauten Spreewälder Gurken, Kürbisse, Meerrettich, Teltower Rübchen und Beelitzer Spargel geprägt. Außerdem gibt es fischreiche Gewässer, was viel Fisch auf die Teller bringt. Typische Gerichte sind deshalb auch Karpfen mit Meerrettichsauce und Spreewälder Gurkensuppe mit Pökelrippchen.[24]

Berlin isst herzhaft und kosmopolitisch zugleich und man verwendet Produkte aus Brandenburg und der ganzen Welt. Viele Gerichte sind hier neu entstanden und ein Gericht, das über Deutschland hinaus bekannt ist, ist die Leber Berliner Art. Hierbei handelt es sich um gebratene Leber mit gedünsteten Apfel- und Zwiebelringen.[24]

Wegen seiner zentralen Lage ist Sachsen-Anhalt durch viele Einflüsse geprägt. Aus Brandenburg und Berlin kommen Kasseler und Eisbein mit Sauerkraut, aus Thüringen kommen die Bratwürste und bei einem Kasseler Braten mit Birnen erkennt man die Vorliebe für Fleischgerichte mit Fruchtigem kombiniert. Eine besondere Spezialität ist der Harzerkäse, der gerne als „Harzer Tartar" auf Schwarzbrot serviert wird.[24]

Hessen liebt kräftige, deftige Gerichte mit Kartoffeln, Schmand, Speck und Zwiebeln, aber auch die feine alt-frankfurter Küche. In Nordhessen ist „Lumpen und Flöh`" ein beliebtes Eintopfgericht, das aus Weißkraut („Lumpen") mit Kümmel („Flöh`"), Fleisch, Speck und Kartoffeln besteht. Frankfurt ist berühmt für seine Frankfurter Grüne Sauce, obwohl diese ursprünglich gar nicht aus Frankfurt kommt. Klassisch enthält sie sieben verschiedenen Kräuter: Borretsch, Kerbel, Kresse, Schnittlauch, Sauerampfer, Petersilie und Pimpinelle.[24]

Eine lange Tradition haben in Thüringen die grünen oder auch Thüringer Klöße. Sie bestehen aus rohen geriebenen Kartoffeln und sind mit gerösteten Weißbrotwürfeln gefüllt. Außerdem wird hier das ganze Jahr über gegrillt und Thüringer Rostbratwürste sind bis über die Region hinaus berühmt. Auch die süss-sauren Linsen mit Thüringer Rotwurst, einer fettreichen, leicht geräucherten Blutwurst, sind sehr beliebt.[24]

Für die Vorliebe für Kaffee und Kuchen ist Sachsen bekannt, man isst aber auch gerne Pellkartoffeln mit Quark und Leinöl oder Leipziger Allerlei. In diesen bekannten Eintopf kommt nur frisches und saisonal angebotenes Gemüse, das einzeln gegart und dann auf einer Platte angerichtet wird. Darüber werden dann Krebsschwänze und Krebsbutter gegeben. Das Original hat also nichts mit den fertigen Gemüsemischungen gemein, die man überall kaufen kann.[24]

Das Saarland ist stark durch Frankreich geprägt, man kann also auch von einer Grenzlandküche sprechen. Der Gelleriewemutsch mit Budeng ist ein tyisches Gericht für diese Küche und besteht aus „Gelleriewe", nämlich Gelben Rüben, die zu einem „Mutsch", also einem Püree, verarbeitet wurden und Budeng, einer französischen Blutwurst.[24]

In Rheinland-Pfalz liebt man es deftig-herzhaft und es gibt viele Gerichte mit Kartoffeln und Würsten. Gräwes, ein „Winzereintopf" aus Schweinerippchen, Speck, Sauerkraut, Kartoffeln und Moselwein, ist ein traditionelles Gericht der Winzer und der Pfälzer Saumagen ist durch Helmut Kohl über die Landesgrenzen hinaus bekannt geworden.[24]

Baden-Württemberg ist kulinarisch zweigeteilt. Die badische Küche ist vom Elsass beeinflusst, die württembergische Küche ist eher schlicht und deftig. Ein typisches Gericht für Nordbaden ist ein Badisches Schneckenpfännle, das als Vorspeise oder Zwischengericht serviert wird. Im Schwarzwald liebt man das Schwarzwälder Schäufele, eine gekochte, gepökelte und anschließend geräucherte Schweineschulter. Saure Kutteln dürfen in Schwaben nicht fehlen, genauso wie die berühmten Maultaschen und Spätzle.[24]

Bayern ist berühmt für seine Spezialitäten. Es gibt Schweinsbraten mit besonders „rescher" (knuspriger) Kruste, Bier, Knödel, Zwetschgendatschi und viele andere Schmankerl. Der fränkische Aischgrund ist für seine rund 1500 Karpfenteiche bekannt. Es gibt Bamberger Krautbraten und im ganzen Maintal den Frankenwein. Weiter südlich liebt man Leberkäs zur Brotzeit, Kalbshaxe und saures Züngerl mit Semmelknödeln und im

Allgäu geht nichts über die berühmten Allgäuer Kässpätzle. Eines der bekanntesten deutschen Eintopfgerichte kommt aus dem Bayrischen Wald, der Pichelsteiner. Er besteht aus Rind-, Kalb-, und Schweinefleisch, Kartoffeln und Gemüse.[24]

2.3 Technologische Entwicklung

Essgewohnheiten waren schon immer eng verknüpft mit den technologischen Möglichkeiten, die den Menschen zur Verfügung standen. Bevor man sich das Feuer zur Essenszubereitung nutzbar machte, zählten vor allem pflanzliche Lebensmittel wie Knollen, Früchte, Nüsse und Samen zu den Grundnahrungsmitteln. Man vermutet, dass es zu dieser Zeit noch keine gemeinsamen Mahlzeiten gab, sondern die Nahrung am Ort des Auffindens verzehrt wurde. Mit der Zubereitung auf dem Feuer begannen die Menschen ihr Essen an der Feuerstelle zu sich zu nehmen. Dadurch entstanden ganz neue soziale Wechselbeziehungen, wobei sich auch die Arbeitsteilung bei der Beschaffung und Zubereitung der Nahrung herausbildete. Mit der Ausbildung von Ackerbau und Viehzucht begannen die Menschen Vorräte anzulegen,[25] Fleisch wurde zum Beispiel geräuchert, um es haltbar zu machen.

In den letzten 50 Jahren konnten durch erhöhte Aufwandmengen von Dünge- und Pflanzenschutzmitteln, genetisch verbessertes Saatgut, Bewässerung und Entwässerung und verbesserte Infrastruktur die landwirtschaftlichen Erträge immer weiter gesteigert [26] und so die Versorgung mit ausreichenden Nahrungsmitteln in Deutschland mehr als gesichert werden.

Während man früher weit weniger Möglichkeiten zum Haltbarmachen von Lebensmitteln hatte und daher der Speiseplan viel abhängiger war von zum Beispiel Jahreszeiten als heute, ist das Konservieren von Lebensmitteln für uns heutzutage selbstverständlich geworden. Eine besonders verbreitete Methode, das Gefrieren, wurde zunächst eher skeptisch betrachtet. Als 1955 die ersten 6 Firmen tiefgekühlte Fisch- und Gemüseprodukte auf der Anuga vorstellten, war der Erfolg eher gering. Die Bedenken lagen vor

---

25) HIRSCHFELDER, Gunther: *Europäische Esskultur.* Frankfurt/Main: Campus Verlag, 2001.

26) BUNDESMINISTERIUM FÜR VERBRAUCHERSCHUTZ, ERNÄHRUNG UND LANDWIRTSCHAFT (Hg.): *Welternährung und Weltlandwirtschaft: Erfahrungen der letzten 50 Jahre.* Schriftenreihe des Bundesministeriums für Verbraucherschutz, Ernährung und Landwirtschaft, Heft 491. Münster: Landwirtschaftsverlag, 2002.

allem bei den fehlenden Tiefkühltruhen.[27] In den sechziger Jahren boomten Kühlschrank und Küchenmaschinen und immer mehr Fertiggerichte kamen auf den Markt.[28] Mittlerweile ist Tiefkühlkost nicht mehr aus unserem Speiseplan wegzudenken und der Pro-Kopf-Verbrauch ist auf 37,1 kg im Jahr 2005 gestiegen.[29]

Auch der Einsatz relativ neuer Technologien im Lebensmittelbereich wie zum Beispiel der Gentechnik und der Nanotechnologie ist nicht mehr tabu. So wird zum Beispiel der Einsatz von Nanopartikeln in Milch diskutiert, die diese rot färben sollen, falls sie sauer wird. Auch in Ketchup werden bereits Nanopartikel in Form von Siliciumdioxid eingesetzt, um eine dickflüssigere Konsistenz zu erzielen.[30]

---

27) RÜDIGER, Jörg: *Der lange Weg zur überall gegenwärtigen Frische auf Vorrat.* tk-report Nr. 6-7, Jg. 34 (2006), S.18.

28) HIRSCHFELDER, Gunther: *Europäische Esskultur.* Frankfurt/Main: Campus Verlag, 2001.

29) DEUTSCHES TIEFKÜHLINSTITUT E.V.: *Tiefkühlkost Pro-Kopf-Verbrauch in Deutschland.* In: tk-report Nr. 6-7, Jg. 34 (2006), S.14.

30) BOROWSKI, Andrea: *Rote Milch und Pizza Multi.* URL: http://www.sueddeutsche.de/wissen/artikel/369/90279/ [01.11.2006, 20:38 MEZ].

3 IST-SITUATION IN DEUTSCHLAND IN BEZUG AUF DIE ESSKULTUR

3.1 Die deutsche Gesellschaft im Wandel

3.1.1 Demografische Entwicklungen

Demografische Daten geben nicht nur Auskunft über die Struktur und die Entwicklung der Bevölkerung, sondern lassen auch auf allgemeine gesellschaftliche Trends und damit auch in gewisser Weise auf das Konsumentenverhalten rück schließen.

Vor 1990 hatte sich die Bevölkerungszahl in Westdeutschland zwischen 61 und 62 Millionen und in Ostdeutschland zwischen 16 und 17 Millionen eingependelt. Nach der Wiedervereinigung stieg die Zahl im Westen durch Abwanderung aus dem Osten wieder leicht an. Bis zum Jahr 2000 ist die Bevölkerungszahl im Osten Deutschlands so auf 15,1 Millionen gesunken. Die durchschnittliche Einwohnerzahl pro Quadratkilometer lag 2004 bei 231, wobei die Quote in den Stadtstaaten Berlin, Bremen und Hamburg weit überdurchschnittlich und in den Bundesländern Mecklenburg-Vorpommern und Brandenburg mit unter 100 Einwohnern pro Quadratkilometer am geringsten war.[31] Insgesamt lebten in Deutschland 2005 82,7 Millionen Menschen.[32]

Seit 1972 werden in Deutschland jedes Jahr weniger Kinder geboren als Menschen sterben. Im Jahr 2004 gab es bereits 113.000 Sterbefälle mehr als Geburten. Um die Bevölkerungszahl konstant zu halten wäre eine Geburtenrate von 2,1 Kindern je Frau nötig. Die errechnete Rate 2004 betrug aber lediglich 1,39 Kinder je Frau.[33] Diese Rate ist seit 1990 relativ konstant, allerdings hat sich die Altersstruktur der Frauen mit Kindern stark

---

31) STATISTISCHES BUNDESAMT (HG.): *Datenreport 2006.* Schriftenreihe, Band 544. Bonn: Bundeszentrale für politische Bildung, 2006. [Online im Internet] URL: https://www-ec.destatis.de/csp/shop/sfg/bpm.html.cms.cBroker.cls?cmspath=struktur,vollanzeige.csp&ID=1019108 [16.10.2006, 16:10 MEZ].

32) STATISTISCHES BUNDESAMT (Hg.): *Leben in Deutschland. Haushalte, Familien und Gesundheit - Ergebnisse des Mikrozensus 2005.* [Online im Internet]. URL: http://www.destatis.de/presse/deutsch/pk/2006/mikrozensus _2005i.pdf [12.12.2006, 14:28 MEZ].

33) STATISTISCHES BUNDESAMT (HG.): *Datenreport 2006.* Schriftenreihe, Band 544. Bonn: Bundeszentrale für politische Bildung, 2006. [Online im Internet] URL: https://www-ec.destatis.de/csp/shop/sfg/bpm.html.cms.cBroker.cls?cmspath=struktur,vollanzeige.csp&ID=1019108 [16.10.2006, 16:10 MEZ].

verändert. So bekamen 2004 die 25-Jährigen 30% weniger und die 35-Jährigen 60% mehr Kinder als die Frauen gleichen Alters im Jahr 1987.[34]

Ein weiterer Faktor, der die Bevölkerungszahl beeinflusst, ist die Zu- bzw. Abwanderung. Durch den so genannten Zuwanderungsüberschuss wuchs die gesamtdeutsche Bevölkerung von 69,4 Millionen im Jahr 1950 auf 82,5 Millionen im Jahr 2004.[35] Dieser Zuwachs entwickelte sich allerdings nicht konstant, sondern beinhaltete auch Phasen mit Abwanderungsüberschüssen. So gab es 1973 beispielsweise einen Anwerbestopp ausländischer Arbeitnehmer in Folge von Problemen auf dem Arbeitsmarkt und 1983 wurde das so genannte Rückkehrhilfegesetz erlassen. Beides hatte mehr Abwanderung als Zuwanderung zur Folge.[36] Dieser Faktor wird also stark durch politische Entscheidungen beeinflusst und wird in Zukunft weiterhin vor allem von der Lage am Arbeitsmarkt abhängen. Ebenfalls wird es eine Rolle spielen, wie sich die Bevölkerung in den anderen europäischen Ländern entwickelt und ob dort, damit zusammenhängend, ein Überschuss an flexiblen Arbeitnehmern besteht.

Insgesamt ist seit 2003 ein Sinken der Bevölkerungszahl zu verzeichnen, da die Zuwanderung das Geburtendefizit nicht mehr ausgleicht. Durch Vorausberechnung ergibt sich folgende Entwicklung:

---

34) vgl.: EISENMENGER, Matthias; PÖTZSCH, Olga & SOMMER, Bettina: *11. koordinierte Bevölkerungsvorausberech- nung. Annahmen und Ergebnisse.* Wiesbaden: Statistisches Bundesamt, 2006. [Online im Internet] URL: https:// www-ec.destatis.de/csp/shop/sfg/bpm.html.cms.cBroker.cls?cmspath=struktur,vollanzeige.csp&ID=1019439 [02.01.2007, 15:38 MEZ].

35) STATISTISCHES BUNDESAMT (HG.): *Datenreport 2006.* Schriftenreihe, Band 544. Bonn: Bundeszentrale für polit-ische Bildung, 2006. [Online im Internet] URL: https://www-ec.destatis.de/csp/shop/sfg/bpm.html.cms.cBroker.cls?cmspath=struktur,vollanzeige.csp&ID=1019108 [16.10.2006, 16:10 MEZ].

36) EISENMENGER, Matthias; PÖTZSCH, Olga & SOMMER, Bettina: *11. koordinierte Bevölkerungsvorausberechnung. Annahmen und Ergebnisse.* Wiesbaden: Statistisches Bundesamt, 2006. [Online im Internet] URL: https://www-ec.destatis.de/csp/shop/sfg/bpm.html.cms.cBroker.cls?cmspath=struktur,vollanzeige.csp&ID=1019439 [02.01.2007, 15:38 MEZ].

Abb. 2: Entwicklung der Bevölkerungszahl in Deutschland

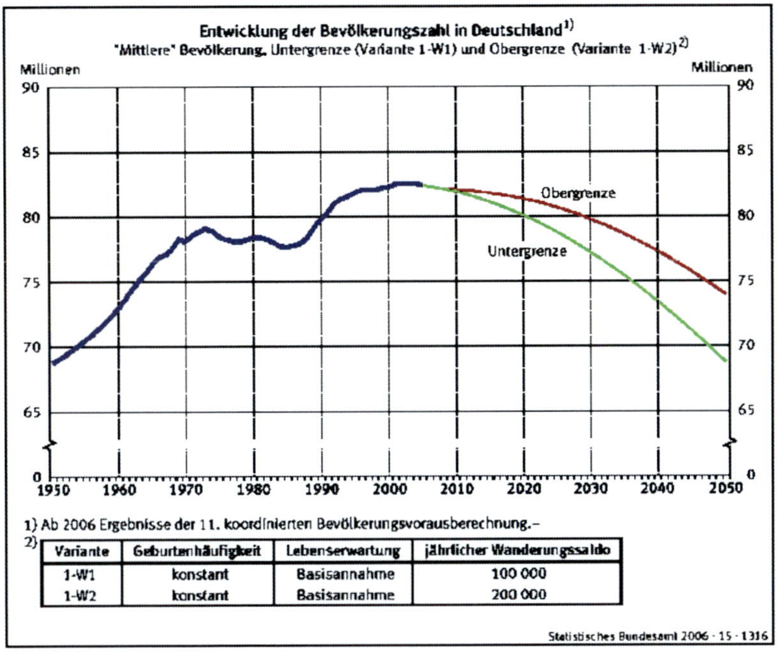

Quelle: EISENMENGER, Matthias; PÖTZSCH, Olga & SOMMER, Bettina: *11. koordinierte Bevölkerungsvorausberechnung. Annahmen und Ergebnisse.* Wiesbaden: Statistisches Bundesamt, 2006. [Online im Internet] URL: https://www.ec.destatis.de/csp/shop/sfg/bpm.html.cms.cBroker.cls?cmspath=struktur,vollanzeige.csp&ID=1019439 [02.01.2007, 15:38 MEZ].

Bis 2050 wird die Bevölkerungszahl also auf maximal 79,5 Millionen und minimal auf 67,0 Millionen fallen. Diese Angaben hängen von den Annahmen für Geburtenraten, Lebenserwartung und Zuwanderung ab, die für die Berechnung getroffen werden.[37]

Eine Folge dieser Entwicklungen ist die Veränderung der Altersstruktur unserer Gesellschaft. Konnte man 1910 noch von einer klassischen Alterspyramide sprechen, gleicht

37) EISENMENGER, Matthias; PÖTZSCH, Olga & SOMMER, Bettina: *11. koordinierte Bevölkerungsvorausberechnung. Annahmen und Ergebnisse.* Wiesbaden: Statistisches Bundesamt, 2006. [Online im Internet] URL: https://www-ec.destatis.de/csp/shop/sfg/bpm.html.cms.cBroker.cls?cmspath=struktur,vollanzeige.csp&ID=1019439 [02.01.2007, 15:38 MEZ].

die Altersstruktur der deutschen Bevölkerung mittlerweile eher einer „zerzausten Wettertanne“.[38]

Bis 2050 wird sich der starke mittlere Teil weiter nach oben verschieben und die Form wird glatter und steiler:

Abb. 3: Altersaufbau der Bevölkerung in Deutschland

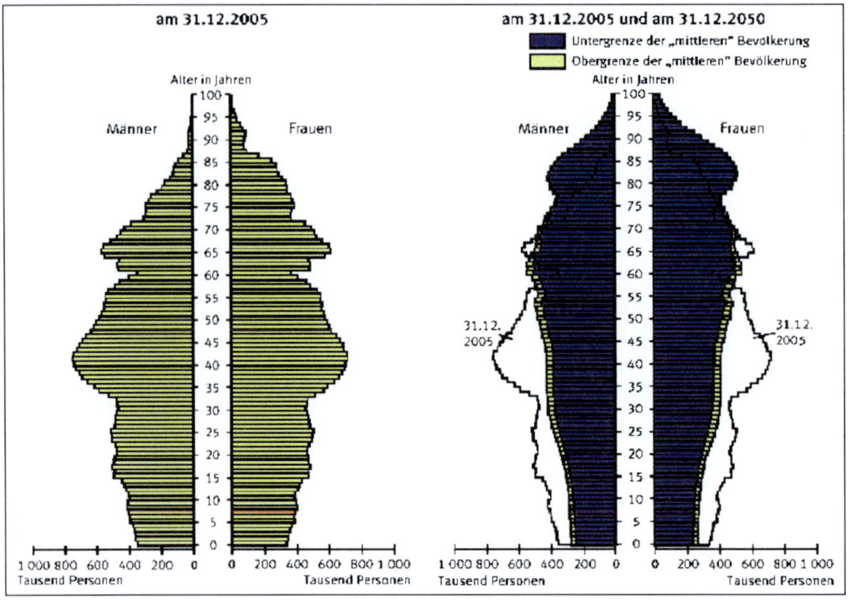

Quelle: EISENMENGER, Matthias; PÖTZSCH, Olga & SOMMER, Bettina: *11. koordinierte Bevölkerungsvorausberechnung. Annahmen und Ergebnisse.* Wiesbaden: Statistisches Bundesamt, 2006. [Online im Internet] URL: https://www.ec.destatis.de/csp/shop/sfg/bpm.html.cms.cBroker.cls?cmspath=struktur,vollanzeige.csp&ID=1019439 [02.01.2007, 15:38 MEZ].

Die Altersgruppe der unter 20-jährigen wird bis zum Jahr 2050 von 16,5 Millionen im Jahr 2005 um mehr als 5 Millionen sinken. Auch die Zahl der Personen im Erwerbsalter wird langfristig abnehmen, wobei die Altersgruppe zwischen 50 und 65 Jahren in den

38) STATISTISCHES BUNDESAMT (HG.): *Datenreport 2006.* Schriftenreihe, Band 544. Bonn: Bundeszentrale für politische Bildung, 2006. [Online im Internet] URL: https://www-ec.destatis.de/csp/shop/sfg/bpm.html.cms.cBroker.cls?cmspath=struktur,vollanzeige.csp&ID=1019108 [16.10.2006, 16:10 MEZ].

nächsten Jahren zunächst noch ansteigen wird.[39] Dies wird die starke Abnahme der unter 50-jährigen bis ungefähr 2015 noch ausgleichen, allerdings wird sich das Durchschnittsalter der Erwerbstätigen erheblich erhöhen. Von 2015 bis 2050 wird diese Altersgruppe dann um ca. 11 bis 15 Millionen abnehmen. Während die Zahl der über 80-jährigen bis zum Jahr 2050 von heute 3,6 Millionen auf über 10 Millionen steigen wird, wird die Gruppe der 65 bis 80-jährigen starken Schwankungen unterliegen. Einen starken Anstieg wird es zwischen den Jahren 2020 und 2035 geben, wenn die starken Jahrgänge der heute um die 40-jährigen in dieses Alter kommen. Danach wird die Zahl wieder sinken und bei ungefähr 5% über dem Ausgangsniveau im Jahr 2005 liegen.[39]

Erste Reaktionen der Politik auf diese Entwicklungen sind zum Beispiel die Erhöhung des Rentenalters auf 67 Jahre. Dadurch wird das Erwerbspersonenpotenzial im Jahr 2050 um 5% erhöht.[39]

Durch das immer älter werden unserer Gesellschaft verändert sich auch unsere Esskultur zunehmend. Je älter wir werden, desto mehr orientieren wir unser Ernährungsverhalten an Kriterien wie Verträglichkeit und Förderung der Gesundheit und Fitness. Dabei erwarten die Konsumenten, dass Qualität und Genuss nicht zu kurz kommen, aber auch die Unterstützung der Produzenten mit dementsprechenden Lebensmitteln.[40] Dazu kommt, dass die Altersgruppe der 50- bis 65-jährigen das höchste frei verfügbare Einkommen hat und bereit ist, für hochwertige Lebensmittel zum Beispiel Bio- und Naturprodukte mehr Geld auszugeben.[41]

3.1.2 Struktur der deutschen Privathaushalte

Im Jahr 2005 gab es 39,2 Millionen Haushalte in Deutschland, was einer durchschnittlichen Haushaltsgröße von 2,11 Personen pro Haushalt entspricht. 1991 lag dieser Wert noch bei 2,27 Personen pro Haushalt. Die Entwicklung geht zu immer mehr Haushalten,

---

39) EISENMENGER, Matthias; PÖTZSCH, Olga & SOMMER, Bettina: *11. koordinierte Bevölkerungsvorausberechnung. Annahmen und Ergebnisse.* Wiesbaden: Statistisches Bundesamt, 2006. [Online im Internet] URL: https://www-ec.destatis.de/csp/shop/sfg/bpm.html.cms.cBroker.cls?cmspath=struktur,vollanzeige.csp&ID=1019439 [02.01.2007, 15:38 MEZ].

40) KÖCHER, Renate: *Trends bei Verbraucherbedürfnissen und Qualitätsorientierung.* In: DLG e. V. (Hg.): *Genuss-Standort Deutschland. Zukunftsstrategien für Lebensmittel.* Frankfurt/Main: DLG Verlag, 2006, S.13-28.

41) OLTMANNS, Brigitte: *Konsumfreudige Klientel.* In: Lebensmittel Praxis Nr. 12, Jg. 58 (2006), S.44-45.

in denen durchschnittlich immer weniger Personen leben. In den ostdeutschen Ländern hat sich diese Änderung besonders schnell vollzogen und seit 1997 ist hier die durchschnittliche Haushaltsgröße geringer als im früheren Bundesgebiet.[42] Die folgende Abbildung macht deutlich, dass so immer mehr Ein- bzw. Zweipersonenhaushalte entstanden sind und die Zahl der Haushalte mit drei oder mehr Personen stark abgenommen hat:

Abb. 4: Haushaltsgröße von Privathaushalten

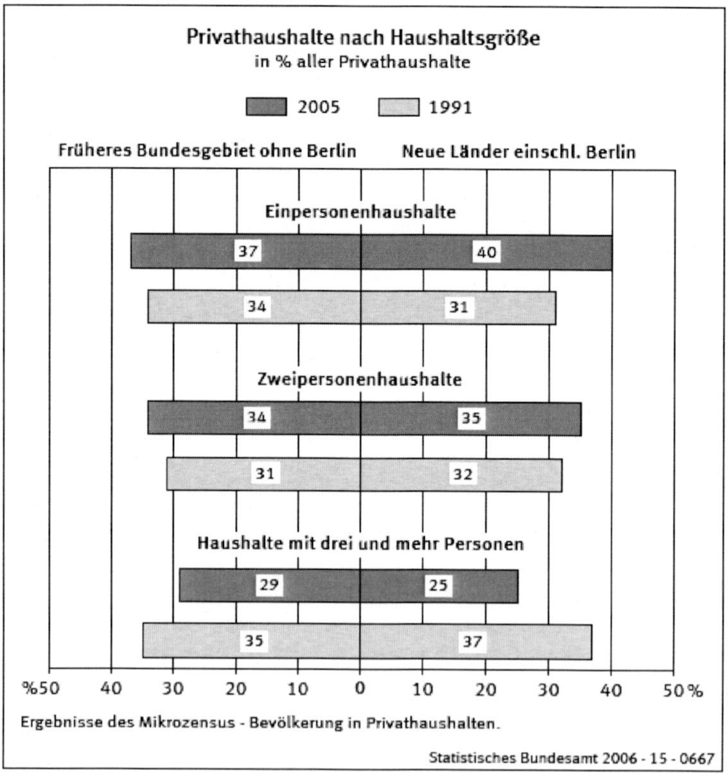

Quelle: STATISTISCHES BUNDESAMT (Hg.): Leben *in Deutschland. Haushalte, Familien und Gesundheit - Ergebnisse des Mikrozensus 2005.* [Online im Internet]. URL:http://www.destatis.de/presse/deutsch/pk/2006/mikrozensus_ 2005i.pdf [12.12.2006, 14:28 MEZ].

---

42) STATISTISCHES BUNDESAMT (Hg.): *Leben in Deutschland. Haushalte, Familien und Gesundheit - Ergebnisse des Mikrozensus 2005.* [Online im Internet]. URL: http://www.destatis.de/presse/deutsch/pk/2006/mikrozensus_ 2005i.pdf [12.12.2006, 14:28 MEZ].

Durch die Zersplitterung der Privathaushalte in immer kleinere Einheiten ergeben sich natürlich auch Konsequenzen für das Essverhalten, da für weniger Personen auf einmal gekocht werden muss. Viele sind der Meinung, dass sich nicht lohnt, für eine Person zu kochen, daher wird immer häufiger auf Fertiggerichte bzw. Halbfertiggerichte zurückgegriffen. Auch wird seltener eingekauft und die bevorzugten Packungsgrößen sind eher kleiner oder bereits Portionsgrößen.

3.1.3 Veränderung der Arbeitswelt

Seit 1970 gibt es in Deutschland den Trend, dass sich nach jedem Konjunktureinbruch die Zahl der Arbeitslosen auf einem höheren Niveau als zuvor einpendelt und seit dem Jahr 1993 lag die Arbeitslosenquote nicht mehr im einstelligen Bereich. Im Jahr 2005 lag die Arbeitslosenquote in Deutschland bei 12,7% und erreichte so einen neuen Höhepunkt nach den Jahren 1997 und 1998.[43] Durch diese wirtschaftliche Situation wird der Erwerbsverlauf der Menschen stark beeinträchtigt. War es früher eher normal, sein ganzes Leben ohne Unterbrechung für ein und dasselbe Unternehmen tätig zu sein, ist ein heutiges Arbeitsleben viel öfter durch Phasen der Arbeitslosigkeit und des Stellenwechsels geprägt.[44] Allerdings ist seit 2006 eine positive Entwicklung auf dem Arbeitsmarkt zu verzeichnen. Die Gesamtzahl der sozialversicherungspflichtigen Beschäftigungsverhältnisse steigt wieder[45] und Wirtschaftsforscher erwarten für 2007 erstmals wieder eine Arbeitslosenquote unter zehn Prozent.[46] Diese spürbare Erholung auf dem Arbeitsmarkt hat auch einen psychologischen Effekt: Viele Haushalte haben in den letzten Jahren eher gespart, als größere Ausgaben zu tätigen, aus Angst um den Arbeitsplatz. Dies könnte sich nun wieder ändern, da außerdem die Sozialabgaben leicht sinken werden.

---

43) Statistisches Bundesamt (Hg.): *Datenreport 2006.* Schriftenreihe, Band 544. Bonn: Bundeszentrale für politische Bildung, 2006. [Online im Internet] URL: https://www-ec.destatis.de/csp/shop/sfg/bpm.html.cms.cBroker.cls?cmspath=struktur,vollanzeige.csp&ID=1019108 [16.10.2006, 16:10 MEZ].

44) Dundler, Agnes & Müller, Dana: *Erwerbsverläufe im Wandel: Ein Leben ohne Arbeitslosigkeit – Nur noch Fiktion?* IAB Kurzbericht, Nr.27, 22.12.2006. [Online im Internet] URL: http://doku.iab.de/kurzber/2006/kb2706.pdf [09.01.2007, 13:55 MEZ].

45) Presse und Informationsamt der Bundesregierung (Hg.): *Jahresbericht der Bundesregierung 2005/2006.* Berlin: 2006. [Online im Internet] URL: http://www.bundesregierung.de/Content/DE/Publikation/Bestellservice /__Anlagen/jahresbericht-der-bundesregierung,property=publicationFile.pdf [09.01.2007, 13:55 MEZ].

46) GfK (Hg.): *Schlussspurt ins Ungewisse.* GfK Consumer Index 09-2006. [Online im Internet] URL: http://www.gfk.com/imperia/md/content/presse/studien_und_publikationen/consumerindex/ci_09_2006.pdf [09.01.2007, 22:42 MEZ].

Vorsicht ist trotz allem geboten, da die Menschen aufgrund der Mehrwertsteuererhöhung bereits mehr Geld ausgeben müssen um ihr Konsumniveau nur halten zu können.[46]

Ein weiterer Aspekt in der Arbeitswelt ist die Erwerbstätigkeit von Frauen. Diese ist in den letzten Jahren kontinuierlich gestiegen. Das bewirkt, dass die traditionelle Rollenverteilung der Frau als Hausfrau und Mutter und des Mannes als Alleinverdiener immer seltener anzutreffen ist. Immer mehr Frauen wollen, aus beruflichen Gründen, und können, aus finanziellen Aspekten, nicht ganz aus ihrem Beruf aussteigen, wenn sie Kinder bekommen. So entstehen viele neue Arbeitsplatzmodelle. Vor allem die Teilzeitbeschäftigung kommt Frauen entgegen.[47] Der Umfang dieser mütterlichen Erwerbstätigkeit ist ausschlaggebend für das Zeitbudget im Bereich Beköstigung. Wendet eine nichterwerbstätige Mutter 1h und 35min pro Tag auf, so kommt eine teilzeiterwerbstätige Mutter auf nur 1h und 9min und eine vollerwerbstätige Mutter gerade mal auf 55min pro Tag. Selbst wenn eine Mutter vollerwerbstätig ist, liegt die reale Verantwortung der Ernährungsversorgung bei ihr, da die Männer nur unwesentlich mehr als die Hälfte der Zeit wie sie damit verbringen.[48] Trotz allem sind in Mehrpersonen- bzw. Familienhaushalten die gemeinsamen Mahlzeiten immer noch von großer Bedeutung. Allerdings ist nicht mehr das Mittagessen, sondern das Abendessen die Familienmahlzeit schlechthin. Mehr als dic Hälfte der Haushalte mit zwei erwerbstätigen Partnern isst gemeinsam zu Abend.[48]

Vor allem an Werktagen beeinflusst unser Erwerbsleben ganz erheblich unser Essverhalten. Mittagsmahlzeiten werden von immer mehr Menschen außer Haus eingenommen. Im Arbeitsalltag bestimmt oft Zeitmangel, aber auch das fehlende Angebot zufrieden stellender Verpflegung das, was wir essen. Das Bedürfnis nach gesundem Essen ist da. So geben 46 % der Frauen an, sie würden in ihrer Mittagspause am liebsten Salat essen und ein Drittel isst bereits Obst, Gemüsesticks oder Salat am Arbeitsplatz.[49] Selbst Kinder werden immer häufiger in den Schulen verpflegt, was bedeutet, dass die öffentliche Verantwortung für die Ernährung unserer Kinder wächst, aber auch, dass

---

47) DEUTSCHE JUGENDINSTITUT E.V. & STATISTISCHES BUNDESAMT: *Gender-Datenreport. 1. Datenreport zur Gleichstellung von Frauen und Männern in der Bundesrepublik Deutschland.* 2. Fassung. München: 2005. [Online im Internet] URL: http://www.bmfsfj.de/Publikationen/genderreport/2-erwerbstaetigkeit-arbeitsmarktintegration-von-frauen-und-maenner.html [09.01.2007, 13:55 MEZ].
48) vgl.: DGE (Hg.): *Ernährungsbericht 2004*. Frankfurt/Main: DGE, 2004.
49) O.N.: *Forsa-Studie zu Essen im Arbeitsalltag*. URL: http://www.wellnessverband.de/news/061010_essenamarbeitsplatz.php [29.10.2006, 09:05 MEZ].

hier eine große Chance besteht, die Grundsätze einer gesunden Ernährung vermitteln zu können. Denn das was wir als Kind bzw. Jugendliche gerne gegessen haben, fragen wir auch als Erwachsene nach.

3.1.4 Einkommensstruktur der Bevölkerung

Zwischen 1991 und 2002 ist ein Anstieg des real zur Verfügung stehenden Einkommens pro Haushaltsmitglied um 5 % zu verzeichnen. 2003 standen jedem Haushalt monatlich durchschnittlich 2885 € an ausgabefähigem Einkommen bzw. ausgabefähigen Einnahmen zur Verfügung. Diese ergeben sich nach Abzug von Einkommenssteuer, Kirchensteuer, Solidaritätszuschlag und der Pflichtbeiträge zur Sozialversicherung und nach Zurechnung der sonstigen Einnahmen.[50] Ein stetig zunehmender Gini-Koeffizient deutet darauf hin, dass dabei die Spanne zwischen Arm und Reich immer größer wird.[51] Dies hat sicherlich auch damit zu tun, dass das Einkommen der Menschen in den neuen Ländern insgesamt immer noch geringer ist als das Einkommen der Menschen in den alten Ländern.[50]

2003 gaben die Verbraucher lediglich 13,9 % ihrer Konsumausgaben für Nahrungsmittel, Getränke und Tabakwaren aus. Dies entspricht fast dem Wert von 14 % im Jahr 1998. Allerdings gaben damals die Verbraucher in den neuen Bundesländern mit 15,9 % noch mehr aus als im Jahr 2003 (15,2 %). In den alten Bundesländern liegt in dieser Zeit keine Veränderung vor, die Ausgaben liegen konstant bei 13,7 % der gesamten Konsumausgaben.[50]

Je höher das zur Verfügung stehende Einkommen war, desto höher waren auch die Ausgaben für Nahrungsmittel, Getränke und Tabakwaren. Prozentual auf die Konsumausgaben bezogen war der Anteil allerdings geringer als bei Verbrauchern mit geringerem Einkommen.[50] Außerdem weisen die oberen Schichten ein deutlich gesünderes Er-

---

50) Statistisches Bundesamt (Hg.): *Datenreport 2006.* Schriftenreihe, Band 544. Bonn: Bundeszentrale für politische Bildung, 2006. [Online im Internet] URL: https://www-ec.destatis.de/csp/shop/sfg/bpm.html.cms.cBroker.cls?cmspath=struktur,vollanzeige.csp&ID=1019108 [16.10.2006, 16:10 MEZ].

51) UNDP (Hg.): *Human Development Report 2005.* [Online im Internet] URL: http://hdr.undp.org/reports/global/ 2005/pdf/HDR05_HDI.pdf [16.01.2007, 00:53 MEZ].

nährungsverhalten auf, was sich zum Beispiel im höheren Verzehr von Obst und Gemüse zeigt.[52]

Wie viel Zeit wir insgesamt für die Aktivität Essen aufwenden, ist grundsätzlich unabhängig von unserem verfügbaren Einkommen. Allerdings gehen Personen aus Haushalten mit hohen bzw. überdurchschnittlich hohen Monatseinkünften öfter außer Haus um zu essen. Dies können die Kantine, das Restaurant oder andere Orte sein.[53]

3.2 Bestandsaufnahme des Ernährungszustands der deutschen Bevölkerung

3.2.1 Essgewohnheiten

Bereits als Kind entwickeln Menschen ihre ganz speziellen Essgewohnheiten. Diese zu verändern ist sehr schwer, da sie sehr eng verknüpft sind mit unserem Alltag und mit unserer Lebensweise. Im Erwachsenenalter bestimmen vor allem unser Familienstand, unser Erwerbsstatus und unser Einkommen, was wir wann und wo essen, wie bereits in Kapitel 2 deutlich geworden ist.

So ist es nicht verwunderlich, dass sich unsere Zeitverwendung für die Aktivität Essen an Werktagen stark von der an Wochenenden unterscheidet. Männer und Frauen nehmen sich dann gleichermaßen 24min mehr Zeit fürs Essen. Dies und die Tatsache, dass wir heute mehr Zeit für das Essen aufwenden als noch 1991/92 deutet darauf hin, dass der Stellenwert von Ernährung bei uns immer noch sehr hoch ist und vielleicht sogar wieder steigt.[54]

Dies ist eine sehr grundsätzliche Entwicklung. Wir lassen uns nicht mehr in das mittlerweile veraltete Schema von unterschiedlichen Zielgruppen einordnen, denn viele essen heute so und morgen anders.

Grundsätzlich haben wir immer noch unsere festen Tageszeiten, zu denen gegessen wird: Das Frühstück wird von 60% der Deutschen über 12 Jahren zwischen 6:00 und

---

52) OLTERSDORF, Ulrich: *Entwicklungstendenzen bei Nahrungsmittelnachfrage und ihre Folgen. Berichte der Bundesforschungsanstalt für Ernährung. Karlsruhe: Bundesforschungsanstalt für Ernährung, 2003.* [Online im Internet] URL: http://www.food-monitor.de/docs/kom-mark/R_03_01_Teil1.pdf [02.11.2006, 22:57].

53) vgl.: DGE (Hg.): *Ernährungsbericht 2004.* Frankfurt/Main: DGE, 2004.

54) DGE (Hg.): *Ernährungsbericht 2004.* Frankfurt/Main: DGE, 2004.

9:00 Uhr morgens zu sich genommen, das Mittagessen zwischen 12:00 und 14:00 Uhr und das Abendessen zwischen 18:00 und 20:00 Uhr.[55] Allerdings werden diese Zeiten durch unseren Alltag und unsere Lebensumstände oft durcheinander gebracht und das Essen hat dann eher funktionellen Charakter und dient der Befriedigung von Grundbedürfnissen. Am Wochenende bzw. in unserer Freizeit, dient das Essen eher unserem Wohlbefinden und der Pflege sozialer Kontakte, bietet also einen Zusatznutzen. Wegen dieser nebeneinander bestehenden unterschiedlichsten Ernährungsformen, kann man den heutigen Verbraucher auch als „hybriden Konsumenten" bezeichnen. Dieses je nach Anlass und Zeitpunkt variierende Verhalten spiegelt sich in den Produkten wieder, die nachgefragt werden (siehe dazu Kapitel 3.3.1 und 4.5) So kann es sein, dass jemand der vielleicht werktags keine Zeit zum Kochen hat und vorwiegend beim Imbissstand isst oder Fertigprodukte zu sich nimmt, für seine Freunde am Wochenende ein 3-Gänge-Menü kocht. Andere bestellen heute eine Pizza aus Zeitmangel und kaufen morgen in aller Ruhe Bio-Gemüse auf dem Wochenmarkt ein. All diese verschiedenen Ernährungsstile treten heute nebeneinander auf und wir entscheiden uns jeden Tag neu, wie wir uns ernähren möchten.

3.2.2 Entwicklungen des Lebensmittelverzehrs

In den letzten zehn Jahren hat sich der Lebensmittelverbrauch in Deutschland stark verändert. Rindfleisch und Innereien, Butter und Milch, Eier und Kartoffeln werden weniger gegessen, stattdessen ist der Verbrauch an Geflügel, Getreideprodukten, Gemüse, Nudeln, Käse und Milcherzeugnissen gestiegen. Relativ konstant geblieben ist der Verzehr an Schweinefleisch und Wurst, der Zuckerkonsum ist etwas gestiegen. Bei alkoholischen Getränken ist ein Rückgang zu verzeichnen, alkoholfreie Getränke wurden dagegen öfter konsumiert.[56] Die folgende Tabelle gibt eine Übersicht über diese Veränderungen:

---

55) DGE (Hg.): *Ernährungsbericht 2004.* Frankfurt/Main: DGE, 2004.

56) vgl.: ZMP (Hg.): *Weniger Fleisch, mehr Gemüse und Joghurt. Der Lebensmittelverbrauch im Wandel von 1995 bis 2005.* ZMP Nachrichten: 01.12.2006 – Deutschland. URL: http://zmp.de/news/NewsContent.asp?DatumsZahl=20061201&RowCount=6&DataId=25164&rPos=0 [06.12.2006, 23:56 MEZ].

Tabelle 1: Der deutsche Lebensmittelverbrauch im Wandel von 1995 bis 2005

Lebensmittelgruppe		**Verzehrsmenge 1995**	**Verzehrsmenge 2005**
		Jahresverbrauch in kg bzw. l/Person	Jahresverbrauch in kg bzw. l/Person
Fleisch	Rind- und Kalbfleisch	11,4	8,7
	Schweinefleisch	40	40
	Geflügel	8	10
	Innereien	1,2	0,5
	Schaf- und Ziegenfleisch	0,7	0,7
	Wurst	30	30
Eier		224 Stück	206 Stück
Kartoffeln		72,8	66,5
Obst		92,2	113,2
Gemüse		72,7	86,6
Getreideerzeugnisse (Erzeugnisse in Mehlwert)		72,3	91,6
Nudeln		5	6,8
Molkereiprodukte	Konsummilch	68,9	64,2
	Butter	7,1	6,4
	Joghurt/Kefir/...	21,9	28,5
	Käse	19,8	22,1
Zucker		33,1	34
Speiseeis		8	8
Getränke	alkoholfrei (Wasser, Säfte, ...)	230,6	290,5
	alkoholisch	164,6	144,5

Quelle: eigene Zusammenstellung[57]

57) ZMP (Hg.): *Weniger Fleisch, mehr Gemüse und Joghurt. Der Lebensmittelverbrauch im Wandel von 1995 bis 2005.* ZMP Nachrichten: 01.12.2006 – Deutschland. URL: http://zmp.de/news/NewsContent.asp?DatumsZahl=20061201&RowCount=6&DataId=25164&rPos=0 [06.12.2006, 23:56 MEZ].

Die Lebensmittelgruppen im Einzelnen:

- *Fleischkonsum*

Insgesamt haben die Deutschen 2005 weniger Fleisch gegessen, als noch 1995. Der Verbrauch sank um ca. 0,3 kg pro Person pro Jahr.[58] Nur der Verzehr an Geflügelfleisch stieg in dieser Zeit, obwohl der Anstieg durch die Vogelgrippe etwas gebremst wurde. Der Verzehr von Rind- und Kalbfleisch ist in dieser Zeit stark gesunken, wobei die BSE-Krise den langfristigen Abwärtstrend noch verstärkt hat.[59]

- *Fisch und Meeresfrüchte*

Bei Fisch und Meeresfrüchten steigt seit 1995 der Verbrauch. Der Anstieg von 1995 bis 2002 betrug durchschnittlich 0,1 kg pro Jahr.[60] Von 2004 auf 2005 ist dagegen ein größerer Sprung zu verzeichnen, 2005 verzehrten die Deutschen ca. 1 kg mehr Fisch als 2004. Vor allem TK-Fisch erfreute sich größter Beliebtheit.[61]

- *Eier, Milch- und Milchprodukte*

Bei Konsummilch, Milchprodukten und Käse gibt es gegenläufige Entwicklungen. Während der Verbrauch an Konsummilch und auch Butter seit Mitte der 90er Jahre stetig gesunken ist, steigt der Verbrauch von Milchprodukten, vor allem der fettarmen Varianten[62], und Käse Jahr für Jahr an. Allein in den Jahren von 1995 bis 2005 erhöhte sich der Verbrauch an Käse um 12 %, wobei vor allem das positive Image von Käse eine große Rolle spielte.[63] Der Verzehr von Eiern ist dagegen eher rückläufig.

- *Obst und Gemüse*

Erfreulicherweise ist der Verbrauch an Obst und Gemüse signifikant angestiegen. Dabei essen die Deutschen am liebsten Äpfel, danach kommen Bananen, Orangen, Mandarinen und Weintrauben. Beim Gemüse sind Tomaten am beliebtesten, dann folgen Möh-

---

58) DGE (Hg.): *Ernährungsbericht 2004.* Frankfurt/Main: DGE, 2004.
59) ZMP (Hg.): *Geflügel beflügelt Fleischkonsum.* Aktuelle Marktgrafik: 27.02.2006. URL: http://www.zmp.de/ presse/agrarwoche/marktgrafik/grafik_2006_09.asp [13.11.2006, 23:56 MEZ].
60) DGE (Hg.): *Ernährungsbericht 2004.* Frankfurt/Main: DGE, 2004.
61) o.N.: *Steigende Nachfrage. Fisch und Fischerzeugnisse.* In: Lebensmittel Praxis Nr. 19, Jg. 58 (2006), S.52.
62) ZMP (Hg.): *Fettarme Milchprodukte im Trend.* Aktuelle Marktgrafik: 19.06.2006. URL: http://www.zmp.de/ presse/agrarwoche/marktgrafik/grafik_2006_25.asp [13.11.2006, 23:50 MEZ].
63) ZMP (Hg.): *Käse in Deutschland immer beliebter.* Aktuelle Marktgrafik: 10.07.2006. URL: http://www.zmp.de/ presse/agrarwoche/marktgrafik/grafik_2006_28.asp [13.11.2006, 23:31 MEZ].

ren, Gurken und Zwiebeln. Dazu kommen „neuere Sorten“ wie Paprika und Eissalat, aber auch ursprüngliche wie Lauch, Weißkohl und Kohlrabi.[64]

- *Kartoffeln, Getreide und Getreideprodukte*

Der Verbrauch an Kartoffeln ist bereits seit längerem rückläufig. Dagegen wuchs der Verbrauch an Getreide und Getreideprodukten stark an.

- *Zucker*

Der Zuckerkonsum ist seit 1995 nur leicht gestiegen und auch bei Speiseeis gab es langfristig keine Veränderung.

- *Fette und Öle*

Seit 1995 hat sich der Verbrauch insgesamt etwas, aber nicht signifikant verringert. Allerdings hat sich die Gewichtung der verschiedenen Fette untereinander verschoben. Während der Verzehr von Butter und Margarine stark zurückgegangen ist, ist der Verbrauch an Schlachtfetten relativ konstant geblieben und der Verzehr von sonstigen pflanzlichen Fetten angestiegen. Bemerkenswert ist allerdings, dass der Verzehr von pflanzlichen Fetten mittlerweile nahezu die Hälfte des Verbrauchs ausmacht.[65]

- *Getränke*

Bei den Getränken unterteilt man in alkoholische und alkoholfreic Getränke. Hier ist in den letzten 10 Jahren eine Verschiebung von den alkoholischen zu alkoholfreien Getränken zu verzeichnen. Dieses Wachstum ist auch auf eine ganze Reihe erfolgreicher Innovationen in diesem Bereich zurückzuführen. So lässt sich der AfG-Markt längst nicht mehr nur in Wässer, Fruchtsäfte und Erfrischungsgetränke unterteilen, sondern ist um Near Water - Produkte, Schorlen, Sport- und Vitamingetränke und fruchtige Varianten auf Tee oder Milchbasis erweitert worden.[66] Bei den alkoholischen Getränken sinkt vor allem die Nachfrage nach Bier, allerdings gibt es hier im Bereich Biermixgetränke

---

64) O.N.: *Bodenständig. Neue Zahlen zum Verbraucherverhalten.* In: Lebensmittel Praxis Nr. 6, Jg. 58 (2006), S.54.
65) DGE (Hg.): *Ernährungsbericht* 2004. Frankfurt/Main: DGE, 2004.
66) SATTLER, Simone: *Spritzige Fitmacher.* In: gv-praxis Nr. 9, Jg. 33 (2005), S.50-51.

eine steigende Nachfrage, da diese „trendiger“ wahrgenommen werden. Inzwischen sollen laut Expertenmeinung fast 400 Produkte auf dem Markt sein.[67]

Allerdings muss man bei all diesen Angaben über die Verzehrsmengen sehr vorsichtig sein. Es handelt sich um absolute Durchschnittswerte, die keine Aussage über regionale Unterschiede im Verzehr machen können. Vor allem ist bemerkenswert, dass sich auch nach über 15 Jahren nach der Wiedervereinigung deutliche Unterschiede im Lebensmittelverzehr zwischen den alten und neuen Bundesländern zeigen. In der ehemaligen DDR werden vor allem mehr Fleisch, Wurstwaren und Fisch, mehr Butter und Margarine, mehr Obst und Gemüse, mehr Brot und Backwaren, süße Brotaufstriche, Kaffee und Tee und alkoholische Getränke verzehrt. In den alten Bundesländern werden dafür mehr Milch- und Milchprodukte, mehr Speisefette und Öle, mehr Nährmittel, Schokolade und Süßwaren und alkoholfreie Getränke konsumiert.[68]

Auch zwischen Frauen und Männern gibt es signifikante Unterschiede im Ernährungsverhalten. Männer essen eher mehr Fleisch und Fisch, Milch, Margarine und Zucker sowie Getränke aller Art, Frauen bevorzugen vor allem Milchprodukte, sowie Obst und Gemüse.[69]

Ein weiterer Aspekt, der eine Umstellung der Ernährungsweise mit sich bringen kann, ist der Übergang zur Elternschaft. Zwar ist es noch nicht wissenschaftlich bewiesen, aber zahlreiche Untersuchungen haben einen Zusammenhang von Elternschaft und einer positiven Einstellung zu Umweltschutz und einem umweltfreundlicheren Einkaufs- und Konsumverhalten aufdecken können. Junge Eltern kaufen öfter frische, regionale, saisonale und ökologische Lebensmittel und achten besonders auf fairen Handel.[70]

Nicht nur, dass solche Unterschiede nicht auftauchen, problematisch bei diesen Statistiken ist auch, dass sie auf der Agrarstatistik sowie den Einkommens- und Verbrauchsstichproben (EVS) basieren.[71] Hier geht man vom unverarbeiteten Lebensmittel aus und es wird keine Aussage zum Beispiel über den Grad der Verarbeitung gemacht. Zwar

---

67) STAHMANN, Friederike: *Der Markt wird immer bunter.* In: Lebensmittel Praxis Nr. 9, Jg. 58 (2006), S.54-57.
68) DGE (Hg.): *Ernährungsbericht* 2004. Frankfurt/Main: DGE, 2004.
69) DGE (Hg.): *Ernährungsbericht* 2004. Frankfurt/Main: DGE, 2004.
70) HERDE, Adina & SCHÄFER, Martina: *Nachhaltige Ernährung und Elternschaft.* In: Ernährung im Fokus Nr. 4 Jg. 6 (2006), S.98-104.
71) DGE (Hg.): *Ernährungsbericht* 2004. Frankfurt/Main: DGE, 2004.

werden bei Kartoffeln oft noch rohe und verarbeitete Kartoffeln getrennt betrachtet, aber in vielen anderen Gruppen wird nicht unterschieden. Auch der Außer-Haus-Markt wird nicht gut abgebildet. So wird es letztlich nicht deutlich, was wir wirklich essen. Im Kapitel 4 über die Trends in der deutschen Esskultur wird sich noch herausstellen, wie vielfältig Lebensmittel verarbeitet werden und welche Produkte auf dem Markt erfolgreich sind.

Ein Meilenstein in der Untersuchung des deutschen Essverhaltens wird deshalb die Nationale Verzehrsstudie II (NVS II) sein. Diese Studie, deren Vorgänger knapp 20 Jahre zurückliegt, wird vor allem Aufschluss darüber geben, wer in Deutschland was, wann und wo isst und ist durch seine 20.000 Teilnehmer im Alter zwischen 14 und 80 Jahren repräsentativ für ganz Deutschland im Gegensatz zu den regional beschränkten Untersuchungen der letzten Jahre. Auftraggeber der Studie ist das Bundesministerium für Verbraucherschutz, Ernährung und Landwirtschaft, durchgeführt wird sie von der Bundesforschungsanstalt für Ernährung und Landwirtschaft.[72]

3.2.3 Ernährungsempfehlungen und Bewertung der Ernährungssituation

Das offizielle Organ für Ernährungsempfehlungen in Deutschland ist die Deutsche Gesellschaft für Ernährung (DGE). In Form der „D-A-CH Referenzwerte für die Nährstoffzufuhr" gibt sie exakte Empfehlungen für die Zufuhr der einzelnen Nährstoffe. Für die breite Bevölkerung hat die DGE zusätzlich „die 10 Regeln der DGE" aufgestellt, die eine vollwertige Ernährung sicherstellen sollen.

Vergleicht man den Lebensmittelverbrauch mit diesen Vorgaben und Empfehlungen, wird deutlich, dass sich bereits viele positive Tendenzen zeigen. So ist der Anstieg des Verzehrs an Obst und Gemüse sehr positiv, allerdings erreicht er noch nicht die empfohlene Aufnahmemenge. Ebenfalls erfreulich ist, dass insgesamt mehr als zwei Drittel der Nahrungsenergie pflanzlicher Herkunft sind und auch bei den Fetten mittlerweile die Hälfte pflanzlichen Ursprungs ist. Der Verzehr von mehr Geflügel und Fisch wirkt sich ebenso gesundheitsfördernd aus, wie der geringere Verzehr von rotem Fleisch. Durch die Verschiebung bei Milch und Milcherzeugnissen weg von der Konsummilch und Butter hin zu Joghurt und Käse ist die bessere Calciumversorgung positiv, aller-

---

72) o.N.: *Eckpunkte zur Nationalen Verzehrsstudie II.* [Online im Internet] URL: http://www.was-esse-ich.de/uploads/media/Eckpunktepapier.pdf [11.01.2007, 14:47 MEZ].

dings birgt Käse die Gefahr einer weiteren Erhöhung der bereits zu hohen Aufnahme von Fett.[73]

Was die Verzehrsmengen angeht, lässt sich feststellen, dass in Deutschland der Verbrauch den Bedarf übersteigt. Dies zeigt sich deutlich, wenn man den Gesundheitszustand der Bevölkerung betrachtet. (siehe dazu Kapitel 3.2.4)

Eine Studie des Robert-Koch-Instituts, die sich mit der Ernährung von Kindern und Jugendlichen von 0 bis 17 Jahren beschäftigt, genannt „KiGGS", kommt zu folgendem Ergebnis: Über die Hälfte der Kinder und Jugendlichen isst zu wenig Getreide, Obst und Gemüse, Milchprodukte und Fisch. Zu hoch dagegen ist der Verzehr an Süßigkeiten, Snacks und Softdrinks. Fastfood steht erfreulicherweise bei einem Großteil der Kinder und Jugendlichen seltener als einmal in der Woche auf dem Speiseplan.[74]

3.2.4 Gesundheitszustand der deutschen Bevölkerung

Der Gesundheitszustand der deutschen Bevölkerung hat sich von 1990 bis 2002/2004 insgesamt weiter verbessert. Dies zeigt sich in der gestiegenen Lebenserwartung von durchschnittlich 2,8 Jahren bei Frauen auf durchschnittlich 81,6 Jahre und 3,8 Jahren bei Männern auf 76 Jahre.[75] Dadurch hat sich die Geschlechterdifferenz weiter verringert. Der Gesundheitszustand in den neuen und alten Ländern hat sich weiter angeglichen, da der Zugewinn an Lebenserwartung in den neuen Bundesländern deutlich höher ausgefallen ist.[75] Insgesamt liegt die Lebenserwartung unter dem europäischen Durchschnitt. Betrachtet man die Lebenserwartung in Gesundheit, also „den Anteil der Lebenserwartung der nicht durch gesundheitliche Beschwerden gekennzeichnet ist", liegt diese im europäischen Vergleich dagegen relativ hoch.[75]

Herz-Kreislauferkrankungen sind immer noch Todesursache Nummer 1, allerdings findet eine Verschiebung im Krankheitsspektrum statt. Ihr Anteil an der Gesamtsterblichkeit sinkt und immer weniger Menschen in Deutschland werden deswegen frühzeitig

---

73) vgl.: DGE (Hg.): *Ernährungsbericht* 2004. Frankfurt/Main: DGE, 2004.

74) O.N.: *Ernährung von Kindern: Zu wenig Obst und Gemüse, zu viel Süßes.* Was-wir-essen-Newsletter 1/2007. URL: http://www.was-wir-essen.de/news/letter_0107.php [11.01.2007, 01:30 MEZ].

75) vgl.: ROBERT KOCH-INSTITUT (Hg.): *Gesundheit in Deutschland.* Gesundheitsberichterstattung des Bundes. Berlin: Robert-Koch-Institut, 2006. [Online im Internet] URL: http://www.gbe-bund.de/gbe10/owards.prc_show_pdf?p_id=9965&p_sprache=D&p_uid=gast&p_aid=15997482&p_lfd_nr=2 [23.11.2006, 14:08 MEZ].

verrentet oder arbeitsunfähig.[76] Dass der Anteil trotzdem immer noch bei 45 % liegt, zeigt die folgende Abbildung:

Abb. 5: Todesursachen 2004 in Prozent der Todesfälle

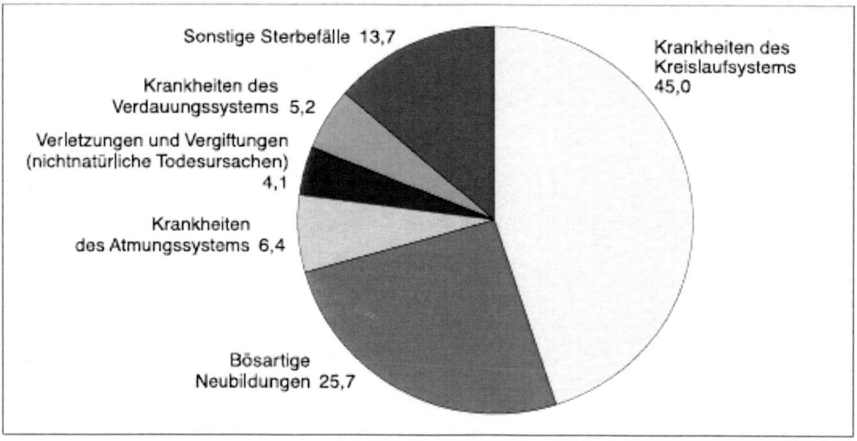

Quelle: STATISTISCHES BUNDESAMT (Hg.): *Datenreport 2006.* Schriftenreihe, Band 544. Bonn: Bundeszentrale für politische Bildung, 2006, S.184. [Online im Internet] URL:https://www.ec.destatis.de/csp/shop/sfg/bpm.html.cms.cBroker.cls?cmspath=struktur,vollanzeige.csp&ID=1019108 [16.10.2006, 16:10 MEZ].

Krebsneuerkrankungen treten dagegen häufiger auf als noch im Jahr 1990, allerdings konnte die Sterblichkeit an Krebs verringert werden. Da das Risiko, an Krebs zu erkranken, mit zunehmendem Lebensalter steigt, ist davon auszugehen, dass die Zahl der Erkrankungen weiter steigen wird.[76] Auch das Risiko an anderen Erkrankungen wie beispielsweise Diabetes mellitus Typ 2, Osteoporose, Schlaganfall oder Demenz zu erkranken ist erhöht, je älter man wird. Deswegen wird die Alterung unserer Gesellschaft in Zukunft die größte Herausforderung für das Gesundheitssystem sein.

---

76) ROBERT KOCH-INSTITUT (Hg.): *Gesundheit in Deutschland.* Gesundheitsberichterstattung des Bundes. Berlin: Robert-Koch-Institut, 2006. [Online im Internet] URL: http://www.gbe-bund.de/gbe10/owards.prc_show_pdf?p_id=9965&p_sprache=D&p_uid=gast&p_aid=15997482&p_lfd_nr=2 [23.11.2006, 14:08 MEZ].

Hinzu kommt, dass Risikofaktoren für Herz-Kreislauferkrankungen weit verbreitet sind. Dazu gehören Übergewicht, Rauchen, Bewegungsmangel, Bluthochdruck, Fettstoffwechselstörungen und Diabetes mellitus.[77]

Insgesamt waren 2005 jeder zweite Erwachsene übergewichtig, stuft man wie die WHO einen BMI[78] größer 25 als Übergewicht ein. Die Tendenz ist steigend.[79] Männer waren dabei mit 57,7 % häufiger übergewichtig als Frauen, von denen 41,2 % übergewichtig waren.[80] 14 Prozent der Männer und 13 Prozent der Frauen hatten sogar starkes Übergewicht, also einen BMI größer 30.[79]

Untergewicht dagegen entspricht einem BMI kleiner 18,5. Dies trifft auf 2,3 % der Bevölkerung zu. Frauen sind davon mit 3,6 % öfter betroffen als Männer mit 0,9 %. Erschreckend ist dabei die Häufung bei 18- bis unter 20-jährigen Frauen mit 12,7 %.[80]

An Diabetes mellitus leiden schätzungsweise 4 Millionen Menschen in Deutschland, 80 – 90 % davon an Diabetes mellitus Typ 2. Zuviel Alkohol trinkt etwa jede sechste Frau und jeder dritte Mann und ungefähr jeder dritte Erwachsene raucht, wobei sich Frauen und Männer anteilsmäßig angleichen.

Einen nicht zu vernachlässigenden Einfluss auf die Gesundheit hat der soziale Status eines Menschen. Der soziale Status ist in unserer Gesellschaft maßgeblich durch den ausgeübten Beruf und das damit verbundene Einkommen gekennzeichnet. Je schwächer Menschen sozial gestellt sind, desto höher ist das gesundheitliche Risiko und desto öfter erkranken diese Personen.[81] Zu diesem Zusammenhang kommt in den westlichen In-

---

77) Robert Koch-Institut (Hg.): *Gesundheit in Deutschland.* Gesundheitsberichterstattung des Bundes. Berlin: Robert-Koch-Institut, 2006. [Online im Internet] URL: http://www.gbe-bund.de/gbe10/owards.prc_show_pdf?p_id=9965&p_sprache=D&p_uid=gast&p_aid=15997482&p_lfd_nr=2 [23.11.2006, 14:08 MEZ].

78) Der *Body Mass Index* ist das Verhältnis von Körpergröße zu Körpergewicht. Mithilfe des BMI kann ermittelt werden, ob Über-, Normal- oder Untergewicht vorliegt. Er errechnet sich wie folgt:

$$BMI = \frac{Körpergewicht[kg]}{(Körpergröße[m])^2}$$

79) vgl.: Statistisches Bundesamt (Hg.): *Leben in Deutschland. Haushalte, Familien und Gesundheit - Ergebnisse des Mikrozensus 2005.* [Online im Internet]. URL: http://www.destatis.de/presse/deutsch/pk /2006/mikrozensus_2005i.pdf [12.12.2006, 14:28 MEZ].

80) Statistisches Bundesamt (Hg.): *Datenreport 2006.* Schriftenreihe, Band 544. Bonn: Bundeszentrale für politische Bildung, 2006, S.184. [Online im Internet] URL: https://www-ec.destatis.de/csp/shop/sfg/bpm.html.cms. cBroker.cls?cmspath=struktur,vollanzeige.csp&ID=1019108 [16.10.2006, 16:10 MEZ].

81) vgl.: Müller, Manfred J. & Trautwein, Elke A.,: *Gesundheit und Ernährung – Public Health Nutrition.* Stuttgart: Eugen Ulmer Verlag, 2005.

dustrienationen noch ein inverser sozialer Gradient für Übergewichtigkeit hinzu. Je niedriger der Schulabschluss, desto höher ist der mittlere BMI.[82] (siehe dazu auch die Kapitel 3.1.4 und 3.3.2) Der gleiche Zusammenhang besteht bei der Entstehung anderer ernährungsabhängiger Erkrankungen wie Diabetes mellitus Typ 2 und Bluthochdruck.[82] Dazu tragen unterschiedliche sozial-determinierte Verhaltensmuster bezüglich Ernährung, Aktivität bzw. Inaktivität, Rauchen, Alkohol- und Drogenkonsum und Gewalt bei.[83]

3.3 Merkmale des heutigen Verbrauchers

Aus Sicht der Wirtschaft ist ein wichtiger Aspekt der deutschen Esskultur das Verhalten der Verbraucher am Markt. Im folgenden Kapitel soll deshalb beleuchtet werden, welche Einflüsse sich zusätzlich zu unseren Lebensumständen (siehe dazu Kapitel 3.1) auf unser Einkaufs- und Konsumverhalten auswirken. Warum halten sich die Menschen oft nicht an Ernährungsempfehlungen, welche Rolle spielen Bildung, Medien und Lebensmittelskandale und wie preisbewusst sind deutsche Verbraucher wirklich?

3.3.1 Preisbewusstsein

Das Preisbewusstsein ist das Preisempfinden des Verbrauchers, also wie viel er bereit ist für bestimmte Dinge zu bezahlen. Dies spielt bei der Auswahl von Lebensmitteln eine sehr wichtige Rolle. Damit zusammenhängend ist natürlich das zur Verfügung stehende Einkommen von großer Bedeutung. Aber das Einkommen ist nicht unbedingt ausschlaggebend, denn es gibt genauso auch Besserverdiener, die beim Einkaufen auf den Preis achten. Nach einer Studie von Grey kann man 3 Käufertypen unterscheiden:[84]

- Der klassische Schnäppchenjäger (preisorientiert)
- Der Qualitätskäufer (qualitätsorientiert)
- Der Smart-Shopper (preis- und qualitätsorientiert)

---

82) MÜLLER, Manfred J. & TRAUTWEIN, Elke A.,: *Gesundheit und Ernährung – Public Health Nutrition.* Stuttgart: Eugen Ulmer Verlag, 2005.

83) DANIELZIK, Sandra; LANDSBERG, Beate; MÜLLER, Manfred J. & PUST, Svenja: *Sozioökonomische Einflüsse auf Gesundheit und Übergewicht.* In: Ernährungs-Umschau Nr. 6, Jg. 53 (2006), S.212-217.

84) FUCHS, Alena: *Trends im Konsumverhalten von Lebensmitteln.* In: LEYRER, Hans-Joachim; STRECKER, Otto & ELLES, Anselm: *Erfolgsstrategien für Lebensmittel.* 1. Aufl. Frankfurt am Main: DLG Verlag, 2004, S.92-103.

Wie in Kapitel 3.2.1 bereits erwähnt zeigt der heutige Verbraucher ein widersprüchliches Verhalten. Je nach Produkt, Anlass oder Zeitpunkt fungiert er als Schnäppchenjäger, Qualitätskäufer oder Smart-Shopper.[85]

Im europäischen Vergleich fällt auf, dass in Deutschland das niedrigste Preisniveau bei Lebensmitteln besteht und die deutschen Verbraucher prozentual vom Einkommen die niedrigsten Lebensmittelausgaben haben.[86] Niedrige Preise sind daher für den deutschen Verbraucher eher schon eine Selbstverständlichkeit, als ein Argument, etwas zu kaufen. Günstig muss es sein, geachtet wird aber zusätzlich vor allem auf Frische und Qualität, eine gute Qualität des Einkaufs, also beispielsweise kurze Wartezeiten an der Kasse und freundliches Personal, und auf großzügige, modern gestaltete Räumlichkeiten.[87]

Mit ein Grund für das besonders ausgeprägte Preisbewusstsein der deutschen Verbraucher ist sicherlich der enorme Preiskampf im Handel (siehe dazu Kapitel 3.4.3). Durch ständige Rabatte und Sonderaktionen ist dem Verbraucher in den letzten Jahren der Zusammenhang zwischen Preis und Qualität abhanden gekommen. Der Preis ist für ihn ein willkürlich festgelegter Betrag, der oft nichts über die Qualität aussagt.[88] Damit ist auch teilweise der Erfolg von Discountern zu erklären, denn diese haben es geschafft, den Verbraucher zu überzeugen, dass es hier hohe Qualität zum niedrigsten Preis gibt. Laut einer Umfrage des Instituts für Demoskopie Allensbach glaubten im Jahr 2003 74 % der Befragten nicht, dass Discounter die Qualität von Lebensmitteln gefährden, 53 % gaben sogar an, dass die Qualität in Discountern besonders gut ist, weil die Waren dort besonders schnell umgesetzt werden und daher immer frisch sind.[88]

In den letzten Jahren achten die Verbraucher zwar immer noch sehr stark auf den Preis, allerdings rückt die Qualität wieder mehr in den Vordergrund.[87]

---

85) FUCHS, Alena: *Trends im Konsumverhalten von Lebensmitteln.* In: LEYRER, Hans-Joachim; STRECKER, Otto & ELLES, Anselm: *Erfolgsstrategien für Lebensmittel.* 1. Aufl. Frankfurt am Main: DLG Verlag, 2004, S.92-103.

86) NAGEL, Johann-Hinrich: *Europas Konsumenten. Daten – Fakten – Trends.* [Online im Internet] URL: http:// www.bve-online.de/presse/vortraege/texte/140306/nagel.pdf [27.10.2006, 17:13 MEZ].

87) FIKENSCHER, Axel: *Tief-Preise genügen nicht.* In: ACNielsen Consumer Insights, Nr. 2, 2006, S.10-11.

88) IFD ALLENSBACH (Hg.): *Lebensmittel beim Discounter.* Allensbacher Berichte Nr. 5, 2003. [Online im Internet] URL: http://www.ifd-allensbach.de/news/prd_0305.html [07.11.2006, 21:08 MEZ].

3.3.2 Ernährungswissen

Früher war es aufgrund des kleineren Warenangebots wesentlich leichter für die Verbraucher die Lebensmittelqualität selbst zu beurteilen. Das Wissen darüber, wie unsere Lebensmittel wachsen und produziert werden, geht immer mehr verloren, vor allem in den großen und mittleren Städten.[89] Fast die Hälfte der Deutschen (47,5 Prozent) weiß nicht, wie man sich gesund ernährt und ist durch unterschiedliche Ernährungstipps verwirrt.[90] Allerdings sind die Verbraucher kritischer als früher was die Hersteller und Lebensmittelproduktion angeht. Deshalb geht der Europäische Gerichtshof heute auch vom Leitbild des kritischen Verbrauchers aus, dem ein kritisches Verhalten an den Tag legt, wogegen man früher den Konsumenten eher unterstellt hatte, unkritisch zu sein.[91]

Dazu kommt, dass die Wertschätzung der Lebensmittel stark abnimmt, da die jüngeren Generationen nie hungern mussten. Lebensmittel sind nichts besonders Wertvolles mehr und wir können fast jederzeit im Supermarkt einkaufen gegen.[92] Auch das Wissen um Zubereitungsarten und allgemeine Kochkenntnisse gehen immer mehr verloren, was durch zunehmenden Einsatz von Convenience-Produkten ausgeglichen wird. Dabei spielt auch das Alter eine Rolle. Je jünger eine Person ist, desto weniger Kochkenntnisse bestehen und desto höher ist der Verbrauch von vorgefertigten Mahlzeiten.[93]

Ein deutlicher Zusammenhang besteht zwischen dem Ernährungswissen und dem Geschlecht und der sozialen Schicht, der eine Person angehört. Frauen wissen grundsätzlich besser über Ernährung Bescheid als Männer. Dazu kommt, je höher die soziale Schicht, desto größer das Ernährungswissen. Gleichzeitig wirkt sich das Ernährungswissen direkt auf das Verhalten aus. Je mehr jemand über gesunde Ernährung weiß, desto mehr Obst, Gemüse, Milch und Milchprodukte und Tee nimmt er zu sich und des-

---

89) BERGMANN, Karin: *Industriell gefertigte Lebensmittel. Hoher Wert und schlechtes Image?* Berlin; Heidelberg: Springer-Verlag, 1999.

90) vgl.: O.N.: *Gesunde Ernährung? Hälfte der Deutschen ahnungslos.* URL: http://www.wellnessverband .de/news/060819_ernaehrungahnungslos.php [19.08.2006, 20:15 MEZ].

91) HERRMANN, Anja Karina: *Kaufverhalten bei Innovationen auf dem Lebensmittelmarkt.* 1. Aufl. Wiesbaden: Deutscher Universitäts-Verlag, 2003.

92) BERGMANN, Karin: *Industriell gefertigte Lebensmittel. Hoher Wert und schlechtes Image?* Berlin; Heidelberg: Springer-Verlag, 1999.

93) O.N.: *Ernährungstrends 2010. In: richtig essen – gesünder leben.* Aktuelles aus Wissenschaft und Praxis Nr. 3, 2002, S.8-9.

to weniger Fleisch und Wurst verzehrt er. Dies entspricht einer ernährungsphysiologisch günstigeren Ernährungsweise.[94]

Eine bessere Ernährungsweise bedeutet allerdings noch lange nicht, dass alle relevanten Ernährungsempfehlungen umgesetzt werden. Dies liegt sicherlich mitunter daran, dass diese eine sehr einseitige Sichtweise mit sich bringen. Sie gehen oft allein auf die Verzehrsmengen und Art der Lebensmittel ein und beziehen selten Lebensumstände, wirtschaftliche Bedingungen, Genussstreben oder individuelle Vorlieben und Abneigungen mit ein.

3.3.3 Beeinflussung durch Medien

Oft ist es uns gar nicht so bewusst, aber Medien, und darunter vor allem das Fernsehen, spielen eine wichtige Rolle bei der Informationsvermittlung auch von Ernährungsinformationen. Jeder hat also Zugriff auf Informationen, allerdings besteht auch die Gefahr der Informationsüberlastung. Das führt dazu, dass von Medienseite oft nur noch einzelne Schlüsselinformationen übermittelt werden, um den Verbraucher nicht mit Informationen zu überschütten. Der Verbraucher schlussfolgert dann auf bestimmte Produkteigenschaften, obwohl diese nicht genannt worden sind. Durch die Angabe beispielsweise der Herkunft eines Lebensmittels folgern viele dann auf die Frische und die Qualität des Produkts.[95]

Ernährungsdarstellungen im Fernsehen sind allgegenwärtig. Ungefähr zwei Drittel der Programmelemente enthalten ernährungsrelevante Inhalte. In knapp der Hälfte davon ist Ernährung ein Aspekt, in der anderen Hälfte ist Ernährung das Objekt. Vor allem in der Werbung häufen sich ernährungsrelevante Inhalte zu nahezu einem Drittel. Betrachtet man die Zeit, in der diese Inhalte gezeigt werden, so kann man sagen, dass etwas mehr als ein Zehntel der Gesamtzeit Ernährung darstellt.[96]

Ein interessanter Vergleich des Ernährungsberichts ist die Gegenüberstellung des Ernährungskreises der DGE, also wie die verschiedenen Lebensmittelgruppen anteilmäßig

94) vgl.: DGE (Hg.): *Ernährungsbericht* 2004. Frankfurt/Main: DGE, 2004.
95) BERGMANN, Karin: *Industriell gefertigte Lebensmittel. Hoher Wert und schlechtes Image?* Berlin; Heidelberg: Springer-Verlag, 1999.
96) vgl.: DGE (Hg.): *Ernährungsbericht* 2004. Frankfurt/Main: DGE, 2004.

verzehrt werden sollten, mit der „Fernseh-Ernährung", also die prozentuale Häufigkeit der Darstellung der unterschiedlichen Lebensmittel:[97]

Abb. 6: Gegenüberstellung des „Soll-Ernährungskreises" mit dem „Fernseh-Ernährungskreis"

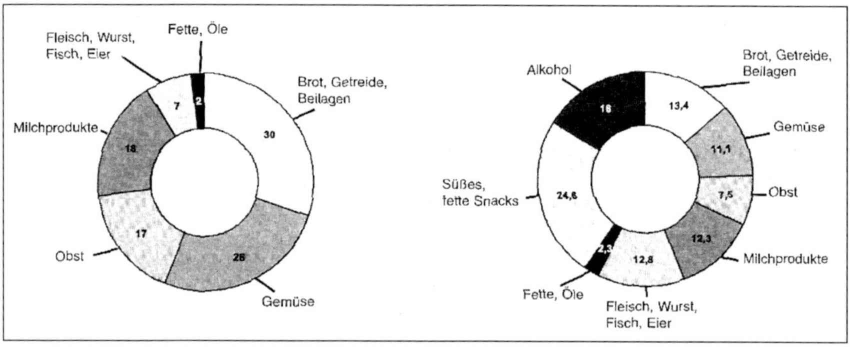

Quelle: DGE (Hg.): *Ernährungsbericht* 2004. Frankfurt/Main: DGE, 2004.

Hier lässt sich gut erkennen, dass das durch das Fernsehen vermittelte Bild eine alarmierend schlecht Ernährung darstellt. Am häufigsten werden Süßes, fette Snacks und Alkohol dargestellt, im Ernährungskreis spielen diese Lebensmittelgruppen dagegen keine bzw. eine sehr untergeordnete Rolle. Die Produkte die wir hauptsächlich essen sollten, werden dagegen sehr selten dargestellt.[97]

Dazu kommt, dass durch das Fernsehen eigentlich keine Ernährungsaufklärung betrieben wird, sondern eher verbraucherbezogene Themen wie Einkauf, Zubereitung, Verzehr und Nachbereitung von Lebensmitteln behandelt werden. Dies kann in dieser Form nicht zu einer gesünderen Ernährung in der Bevölkerung führen. Allerdings zeigen die Untersuchungen auch, dass Ernährungseinstellungen prinzipiell durch das Fernsehen beeinflusst werden können. Deshalb besteht durchaus das Potenzial, Ernährungsaufklärung durch das Einbeziehen des Fernsehens zu optimieren. Institutionen könnten dabei die Politik oder auch die DGE sein.[97]

97) DGE (Hg.): *Ernährungsbericht* 2004. Frankfurt/Main: DGE, 2004.

3.3.4 Beeinflussung durch Lebensmittelskandale

Wenn man über Skandale im Lebensmittelbereich spricht, muss man unbedingt zwischen „echten“ und „gemachten Skandalen“ unterscheiden. Was für eine wissenschaftliche Betrachtung kein Skandal ist, wenn zum Beispiel gegen ein Lebensmittelgesetz verstoßen wird, aber keine ernsthafte Gefahr für den Verbraucher besteht, kann für den Verbraucher schon ein Skandal sein.[98] Dadurch, dass er abhängig von der Lebensmittelindustrie und von deren einwandfreien Lebensmitteln ist, fühlt er sich stark verunsichert und direkt betroffen. Mehren sich solche Vorfälle, misstraut der Verbraucher irgendwann der Lebensmittelindustrie als Ganzes und unterstellt ihr, dass kriminelle Machenschaften die Regel und nicht die Ausnahme sind. Das Misstrauen wendet sich auch gegen die Politik, weil sie zum Beispiel während der akuten BSE-Krise den Verbrauchern viel zu lange vormachte, dass Deutschland „BSE-frei“ sei.

Eine wichtige Rolle bei der Wahrnehmung von Skandalen spielt auch die Medienberichterstattung. Die Berichterstattung in den Medien korreliert immer mit der Diskussionsbereitschaft in der Bevölkerung, ist allerdings selten mit der tatsächlichen Höhe des Risikos gleichzusetzen.[99]

Tatsache ist, dass sich die Lebensmittelsicherheit in den vergangenen Jahrzehnten kontinuierlich verbessert hat. Dass es trotzdem immer wieder zu Krisen kommt, kann folgende Ursachen haben:

---

98) BERGMANN, Karin: *Industriell gefertigte Lebensmittel. Hoher Wert und schlechtes Image?* Berlin; Heidelberg: Springer-Verlag, 1999.

99) BERGMANN, Karin: *Industriell gefertigte Lebensmittel. Hoher Wert und schlechtes Image?* Berlin; Heidelberg: Springer-Verlag, 1999.

Tabelle 2: mögliche Ursachen für Lebensmittelkrisen

Mögliche Ursachen	Beispiel
Fehlerhafte Berichterstattung	Skandale, die durch falsche oder aufgebauschte Berichterstattung entstehen.
Menschliches Versagen oder kriminelle Handlungen	Gammelfleischskandal
Lückenhafte Kontrollen	Nitrofen in Futterweizen
Tierkrankheiten und –seuchen	BSE-Krise, Vogelgrippe
Fortschritt in der Wissenschaft	Acrylamid, Cumarin

Quelle: eigene Zusammenstellung[100]

Die Konsumenten dagegen sind durch die häufigen Vorfälle eher skeptisch, was die Sicherheit und Qualität der Lebensmittel angeht. Ein europäisches Forschungsprojekt, „Consumer Trust in Food" genannt, beschäftigte sich mit dem Vertrauen der europäischen Verbraucher in ihre Lebensmittel und welche Faktoren dies beeinflussen.[101]

Deutsche setzten demnach wenig Vertrauen in die Sicherheit von Lebensmitteln. Auch waren sie der Ansicht, dass sie wenige Einflussmöglichkeiten darauf haben. Auf die Frage, welche Gruppen im Falle eines Lebensmittelskandals die ganze Wahrheit sagen würden, waren vor allem Verbraucherorganisationen und Experten vertrauensvoll, wurden aber gleichzeitig als nicht durchsetzungsfähig eingestuft. Als wenig vertrauensvoll gelten die Lebensmittelindustrie, Politiker, Supermarktketten und Landwirte.[102]

3.4 Produktion und Vertrieb unserer Lebensmittel

Die Voraussetzungen, für den deutschen Verbraucher Lebensmittel zu produzieren und anzubieten, sind nicht ganz einfach. Der deutsche Verbraucher ist sehr preisbewusst. Trotzdem blendet er die Frage der Qualität nie völlig aus. Bei der Frage für welche Eigenschaften von Lebensmitteln man mehr bezahlen würde geben 64 % der Befragten

---

100) O.N.: *Früher war alles besser. Stimmt nicht!* URL: http://www.aid.de/verbraucher/lebensmittelkrisen_ueberblick.php [18.10.2006, 00:38 MEZ].

101) O.N.: *„Consumer Trust in Food" – ein europäisches Forschungsprojekt.* In: richtig essen – gesünder leben. Aktuelles aus Wissenschaft und Praxis Nr. 1, 2005, S.5-7.

102) O.N.: *„Consumer Trust in Food" – ein europäisches Forschungsprojekt.* In: richtig essen – gesünder leben. Aktuelles aus Wissenschaft und Praxis Nr. 1, 2005, S.5-7.

für guten Geschmack an, und knapp die Hälfte für hohen Vitamingehalt und gutes Aussehen. 45 % würden für deutsche Herkunft bzw. Erzeugung und 43 % für ständige Qualitätskontrollen mehr bezahlen, und für immerhin 38 % dürften Lebensmittel aus einer bestimmten Anbauregion teurer sein.[103] Es gibt also trotz schwieriger Rahmenbedingungen Chancen für Landwirte, Produzenten und Handel sich im Wettbewerb nicht nur über den Preis zu definieren.

3.4.1 Landwirtschaft

3.4.1.1 Konventionelle Landwirtschaft

Landwirtschaft war eigentlich immer von dem Ziel geprägt, Hunger zu bekämpfen. Seit 1957 mit Gründung der Europäischen Wirtschaftsgemeinschaft ist die Produktion allerdings so erheblich angestiegen, dass es zu einer ständigen Überproduktion kam. Die Landwirte konnten wegen der gestiegenen Produktionskosten allein durch Rationalisierung und Mehrproduktion überleben, denn je mehr produziert wurde, desto niedriger waren natürlich die Erlöse die mit den produzierten Grundnahrungsmitteln erzielt wurden.[104] Die Folge daraus ist, dass sich die Struktur der Landwirtschaftsbetriebe in Deutschland erheblich verändert hat. Die kleineren und mittleren Betriebe wurden immer weniger, dafür ist die Zahl der großen Betriebe, also der Betriebe mit einer landwirtschaftlich genutzten Fläche von mehr als 100 ha, gestiegen.[105]

Durch Subventionierung der europäischen Landwirtschaft konnten die Lebensmittelpreise klein gehalten werden und das Einkommen der Landwirte wurde durch Preisstützungssysteme gesichert. Sinkt der Marktpreis, werden Interventionspreise durch den EU-Rat festgesetzt. Zu diesem Preis kaufen dann Interventionsstellen die Erzeugnisse auf.[106] In Deutschland ist das die heutige Bundesanstalt für Landwirtschaft und Ernäh-

---

103) CMA (Hg.): *Für welche Eigenschaften bei Lebensmitteln würden Sie mehr bezahlen?* CMA-Studie: Bereitschaft für höhere Lebensmittelkosten. In: Catering Management Nr. 3, Jg. 15 (2006), S.11.

104) TEUTEBERG, Hans Jürgen: *Der essende Mensch zwischen Natur und Kultur.* In: LpB (Hg.): Der Bürger im Staat Nr. 4, Jg. 52 (2002) S.179-187.

105) STATISTISCHES BUNDESAMT (Hg.): *Datenreport 2006.* Schriftenreihe, Band 544. Bonn: Bundeszentrale für politische Bildung, 2006. [Online im Internet] URL: https://www-ec.destatis.de/csp/shop/sfg/bpm.html.cms.cBroker.cls?cmspath=struktur,vollanzeige.csp&ID=1019108 [16.10.2006, 16:10 MEZ].

106) TAPPESER Beatrix; BAIER A.; DETTE B. & TÜGEL H: *Die blaue Paprika:* Globale Nahrungsmittelproduktion auf dem Prüfstand. Basel; Boston; Berlin: Birkhäuser Verlag, 1999.

rung (BLE). Die Überproduktion wird dann auf dem Weltmarkt verkauft, allerdings zu einem sehr geringen Preis. Dazu kommt, dass die Einfuhr von Agrarprodukten aus dem europäischen Ausland mit hohen Agraraußenzöllen belegt ist und so verhindert wird, dass billigere Produkte in die EU gelangen.[107]

Landwirte müssen sich auf eine Änderung dieses Systems einstellen. Bereits wurden durch Agrarreformen 1992 und 2003 und durch die Agenda 2000 die Interventionspreise in der EU stark gesenkt und durch Einkommensbeihilfen ersetzt.[108] Voraussichtlich wird in den nächsten Jahren auch die Milchquote entfallen, was zu einer Verschärfung des Wettbewerbs führen wird, dem, durch Investition im technischen Bereich und weiterer Rationalisierung, nur die größeren Betriebe gewachsen sein werden.[107] Eine Chance bei einer Abkehr von der Marktsteuerung könnten allerdings direkte Zahlungen und Maßnahmen zur gezielten Stärkung der Wettbewerbsfähigkeit sein. Vor allem kleinere Betriebe brauchen Unterstützung für betriebliches Wachstum.[109]

3.4.1.2 Ökologischer Landbau

Eine Alternative zur konventionellen Produktion von Lebensmitteln ist der ökologische Landbau. Mit der Umwandlung des Landwirtschaftsministeriums in das heutige Bundesministerium für Verbraucherschutz, Ernährung und Landwirtschaft in Folge der BSE-Krise fand die so genannte „Agrarwende" statt. Sie beschreibt die Wende in der Politik hin zur Förderung der umweltfreundlichen und tiergerechten Herstellung von gesunden und vollwertigen Lebensmitteln. Vor allem der ökologische Landbau sollte in diesem Rahmen gefördert werden. Mittlerweile zeigen sich erste Erfolge dieser Politik. Der Öko-Anbau ist aus seiner Nische geholt und der Umsatz an Bio-Lebensmitteln ist enorm gestiegen. Die Zahl der Betriebe hat sich seit 1985 etwa verzehnfacht und das Wachstum der Anbaufläche ist noch größer, wie die folgende Abbildung deutlich macht.

---

107) TEUTEBERG, Hans Jürgen: *Der essende Mensch zwischen Natur und Kultur.* In: LpB (Hg.): Der Bürger im Staat Nr. 4, Jg. 52 (2002) S.179-187.
108) O.N.: *Agrarpolitik.* URL: http://de.wikipedia.org/wiki/Agrarpolitik [10.01.07, 19:51 MEZ].
109) O.N.: *Bei Milch bald freier Wettbewerb.* In: Lebensmittelzeitung Nr. 42, Jg. 58 (2006), S.22.

Abb. 7: Entwicklung der ökologischen Landwirtschaft von 1985 bis 2005

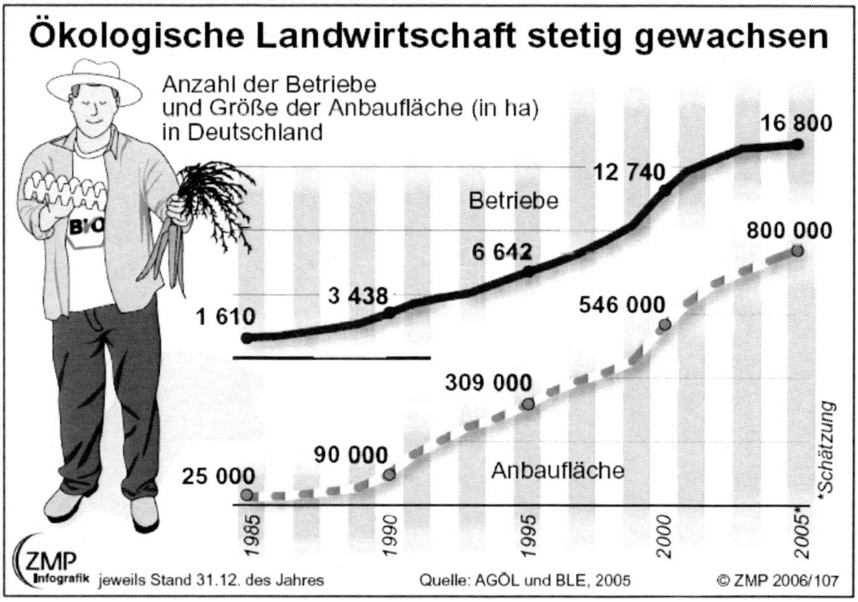

Quelle: ZMP (Hg.): *Ökologische Landwirtschaft stetig gewachsen*. Aktuelle Marktgrafik: 20.02.2006 [Online im Internet] URL: http://www.zmp.de/presse/agrarwoche/marktgrafik/grafik_2006_08.asp [13.11.2006, 14:45 MEZ].

Dennoch ist die Zielvorgabe, den Anbau innerhalb von 10 Jahren von 3 auf 20 % der Anbaufläche auszuweiten, noch lange nicht erreicht.[110] Im Jahr 2005 wurden 4,6 % der landwirtschaftlich genutzten Fläche in Deutschland für den Anbau von ökologischen Lebensmitteln genutzt.[111]

---

110) BRAND, Karl-Werner: *Von der Agrarwende zur Konsumwende? Effekte der Ausweitung des Bio-Markts entlang der Wertschöpfungskette.* In: Ernährungs-Umschau Nr. 7, Jg. 53 (2006), S.267-271.

111) STATISTISCHES BUNDESAMT (Hg.): *Datenreport 2006.* Schriftenreihe, Band 544. Bonn: Bundeszentrale für politische Bildung, 2006. [Online im Internet] URL: https://www-ec.destatis.de/csp/shop/sfg/bpm.html.cms.cBroker.cls?cmspath=struktur,vollanzeige.csp&ID=1019108 [16.10.2006, 16:10 MEZ].

3.4.1.3 Grüne Gentechnologie

Ein weiterer, sehr kontrovers diskutierter Aspekt in der Landwirtschaft ist der Einsatz von Gentechnologie bei der Lebensmittelproduktion, in diesem Zusammenhang „grüne Gentechnologie“ genannt. Der Großteil der deutschen Bevölkerung steht diesem Zweig der Gentechnik skeptischer gegenüber als beispielsweise der medizinischen Gentechnik. Auch gibt es immer mehr kritische Stimmen zu diesem Thema in Deutschland. Akzeptierten 1996 noch über 55 % der Deutschen gentechnisch veränderte Lebensmittel, so waren es 2005 nur noch ca. 20 %.[112] Trotzdem hat Gentechnik längst den Weg in unsere Lebensmittel gefunden, auch wenn man in deutschen Supermärkten vergeblich nach als „gentechnisch verändert“ gekennzeichneten Produkten sucht. Für zahlreiche Produktionsverfahren zur Herstellung von Käse, Brot, Fruchtsäften und Futtermitteln werden Enzyme verwendet, die von gentechnisch veränderten Mikroorganismen hergestellt werden. Enzyme gehören zu den so genannten Hilfsstoffen und müssen genauso wie Fleisch, Milch und Eier von Tieren, die gentechnisch veränderte Futtermittel bekommen haben, nicht gekennzeichnet werden.[113] Kennzeichnungspflichtig dagegen sind Lebensmittel, Zutaten und Zusatzstoffe die aus GVO hergestellt sind, zum Beispiel Öl aus gentechnisch veränderten Sojabohnen, außerdem alle Lebensmittel, die selbst GVO sind. Diese reinen GVO sind allerdings in der EU nicht zugelassen. Außerdem besteht die Pflicht zur Kennzeichnung von Lebensmitteln oder Zutaten, die Spuren von GVO zufällig und technisch unvermeidbar enthalten und diese einen Schwellenwert von 0,9 % überschreiten.[114]

Das neue Gentechnikgesetz das am 4. Februar 2005 in Kraft trat, schreibt eine Vorsorgepflicht für den Umgang mit gentechnisch veränderten Pflanzen, Tieren und anderen Organismen vor. Dazu gehören z. B. das Einhalten von Mindestabständen zwischen Feldern und der Eintrag von Anbauflächen mit GVO im Standortregister des Bundesamtes für Verbraucherschutz und Lebensmittelsicherheit.[114] Dieses kann im Internet unter der Adresse http://194.95.226.237/stareg_web/index.do eingesehen werden.

---

112) O.N.: *Europabarometer 2006. Genfood: Europäer bleiben skeptisch.* URL: http://www.transgen.de/einkauf /lebensmittel/687.doku.html [07.11.2006, 22:32 MEZ].

113) AID (Hg.): *Die Grüne Gentechnik.* 4. überarbeitete Aufl. Bonn: aid Special 3273. 2003.

114) vgl.: PRESSE- UND INFORMATIONSAMT DER BUNDESREGIERUNG (Hg.): *Grundlagen der grünen Gentechnik.* URL: http://www.bundesregierung.de/nn_774/Content/DE/Artikel/2005/11/2005-11-21-grundlagen-der-gruenen-gentechnik.html [12.01.2007, 01:34 MEZ].

Sicher ist allerdings, dass in den nächsten Jahren die Gentechnik immer mehr Einzug in unsere Lebensmittel halten wird. Eine Aussicht auf Erfolg werden vor allem GVO mit gesundheitlichem Zusatznuten haben, denn über 56 % würden zumindest wahrscheinlich oder definitiv GVO kaufen, wenn sie gesünder als konventionelle Lebensmittel wären.[115] Und Pläne der Firmen gibt es in diesem Bereich genügend. Die Firma BASF arbeitet beispielsweise an einer flavonoidreichen Tomate, die das Risiko, an Herz-Kreislauf-Erkrankungen oder Diabetes mellitus Typ II zu erkranken, senken soll.

3.4.2 Verarbeitende Industrie

Die Ernährungsindustrie in Deutschland ist in der „Bundesvereinigung der deutschen Ernährungsindustrie“ (BVE) organisiert. Mit 5.900 Betrieben und 130 Milliarden Euro Umsatz im Jahr 2005 zählt sie zu den wichtigsten Wirtschaftszweigen in Deutschland. Die Branche ist vor allem durch mittelständische Betriebe gekennzeichnet.[116] Nur einige wenige Hersteller sind international vertreten. Dazu gehören zum Beispiel Nestlé, Unilever und Kraft.

Demgegenüber steht ein hoch konzentrierter Lebensmitteleinzelhandel (LEH), der im Gegensatz zur Industrie meist europa- bzw. weltweit organisiert ist (siehe dazu Kapitel 3.4.3). Dadurch kann der Handel seinen Einkauf zentralisieren und so den Preis für die produzierten Lebensmittel drücken. Um dieser Marktmacht gegenüber bestehen zu können, hat sich ein starker Konzentrationsprozess in der Produktion vollzogen. Allerdings ist das allein nicht ausreichend. Die Lebensmittelindustrie ist heute in der Situation, dass sie dringend neue Strategien entwickeln muss, um sich gegenüber der Konkurrenz durchzusetzen und den Anforderungen des Handels, des Marktes und der Endverbraucher gerecht zu werden.[117] Dass die Lebensmittelindustrie genau das tut, zeigt sich in einer enormen Innovationsrate. Allerdings floppen neue Produkte sehr oft und nur 7% Prozent aller Neueinführungen befinden sich nach einem Jahr noch auf dem Markt. Die Entwicklungs- und Einführungskosten für neue Produkte sind zudem sehr hoch. Deshalb ist nicht für alle Betriebe der Weg über die Produktinnovation das Mittel der

---

115) O.N.: *Europabarometer 2006. Genfood: Europäer bleiben skeptisch.* URL: http://www.transgen.de/einkauf/ lebensmittel/687.doku.html [07.11.2006, 22:32 MEZ].

116) BVE (Hg.): *„Eine starke Stimme...“.* URL: http://www.bve-online.de/ [15.01.2007, 17:31 MEZ].

117) LEYRER, Hans-Joachim: *Strategieoptionen für den Mittelstand in der Ernährungsbranche.* In: LEYRER, Hans-Joachim; STRECKER, Otto & ELLES, Anselm: *Erfolgsstrategien für Lebensmittel.* 1. Auflage. Frankfurt am Main: DLG Verlag, 2004, S.54-58.

Wahl.[118] Zufriedenstellende Margen können aber auch durch andere Alleinstellungsmerkmale bzw. besondere Qualitätsmerkmale herausgearbeitet werden:

Tabelle 3: Erfolgspotenzial von Lebensmitteln durch das Herausstellen besonderer Produktmerkmale

Besonderes Produktmerkmal	Beschreibung	Beispiel
Regionalität	Verbraucher schätzen Regionalität, weil sie über die Herkunft ihrer Lebensmittel informiert sein wollen.	„Brucker Land" Solidargemeinschaft regionaler
Herstellungsweise	Viele Verbraucher schätzen eine besonders umweltschonende, ökologische oder tiergerechte Herstellungsweise	Bioprodukte
Qualitätsstandards setzen	Teilnahme an Qualitätsprüfungen und –wettbewerben und Einführung von Die Verbraucher schätzen	DLG-Prämierungen
Marketing	Kooperationen mit anderen Markenprodukten steigern den Wert beider	Iglo-Spinat mit Philadelphia
Verpackungen	Die Haushaltsgröße ändert sich, es werden kleinere Packungen	einzeln verpackte
Außer-Haus-Verzehr	Der Außer-Haus-Verzehr steigt. Produkte zum Direktverzehr werden benötigt.	Salatschalen mit Dressing und
Hilfestellung	Viele haben keine Zeit um sich gesund und ausgewogen zu ernähren. Dabei können Hinweise auf der Verpackung	Schwartau Fruit2Day bietet eine einfache Möglichkeit, die „5-am-Tag- einzuhalten.
Ernährungsinformation	Wer Verbraucher über gesunde Ernährung informiert stärkt die	Nestlé setzt mobile Ernährungsstudios im LEH ein.
Bewusste Auswahl der Absatzwege	Bewusster Verzicht auf den Verkauf bei Discountern	Firma Werz
Transparenz	Viele Verbraucher möchten gerne wissen, woher ihre Lebensmittel	Rahm-Spinat von Iglo mit Internet-Code Übers Internet kann man den Spinat zurück zum Landwirt
Bewusster Verzicht auf bestimmte Stoffe	Verzicht auf Zusatzstoffe kommt an	Frostá „Reinheitsgebot"

Quelle: eigene Zusammenstellung aus LEYRER, Hans-Joachim; STRECKER, Otto & ELLES, Anselm: *Erfolgsstrategien für Lebensmittel.* 1. Auflage. Frankfurt am Main: DLG Verlag, 2004.

118) O.N.: *Markteinführung von Innovationen. Neue Produkte floppen oft.* In: Allgemeine Fleischer Zeitung Nr. 49, Jg. 123 (2006), S.14.

Aus dieser Tabelle wird ersichtlich, dass sich für die Nahrungsmittelindustrie unheimlich viele Möglichkeiten bieten, auf dem Markt erfolgreich zu sein. Dabei ist es allerdings von wesentlicher Bedeutung, dass die Produkte auf die Trends im Konsumentenverhalten ausgerichtet sind.

3.4.3 Handel

Durch immer stärkere Konzentration in großen Handelskonzernen und immer größeren Einkaufsflächen ist der Lebensmittelhandel der am meisten rationalisierte Sektor des Einzelhandels.[119] Und diese Entwicklung schreitet immer noch voran: Besaßen die Top 5 im deutschen Lebensmitteleinzelhandel im Jahr 2005 bereits 69,5 % Marktanteil, so wird prognostiziert, dass es 2010 bereits 76,5 % sein werden. Die Top 5 der Lebensmittelhändler sind, mit dem umsatzstärksten, was den Food-Bereich angeht, angefangen und in dieser Reihenfolge, Edeka, Rewe, Lidl/Schwarz, Aldi und Metro.[120]

---

119) BERGMANN, Karin: *Industriell gefertigte Lebensmittel. Hoher Wert und schlechtes Image?* Berlin; Heidelberg: Springer-Verlag, 1999.

120) OESS, Markus: *Neue Macht-Verhältnisse im deutschen LEH. Es wird noch enger.* In: Lebensmittel Praxis Nr. 7, Jg. 58 (2006), S.10-11.

Abb. 8: Die größten deutschen Lebensmittelhändler nach Food-Umsätzen 2005

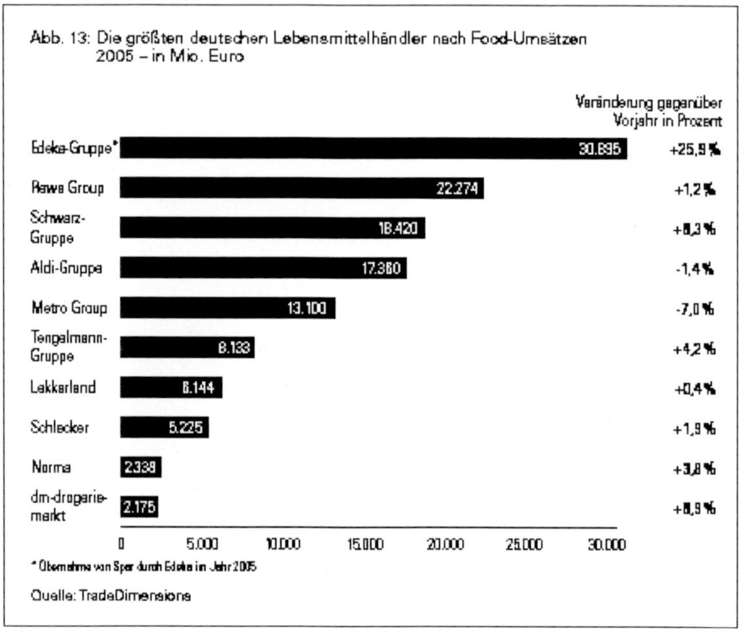

Quelle: GERLING, Michael & KREIMER, Tim: *Status Quo und Perspektiven im deutschen Lebensmittelhandel 2006.* [Online im Internet] URL: http://www.kpmg.de/library/pdf/060904_Status_quo_und_Perspektiven_im_deutschen_Lebensmitteleinzelhandel_2006_de.pdf [05.10.2006, 16.13 MEZ].

Der Kampf um die Marktanteile ist hart und wird vor allem über den Preis geführt. Die so erzielten Renditen liegen gerade mal bei einem Prozent. Dies musste auch das größte Handelsunternehmen der Welt, Wal-Mart[121], erkennen und hat sich im Juli 2006 vom deutschen Markt zurückgezogen.[122] Auch um Verkaufsflächen wird gekämpft. Im Jahr 1995 gab es noch 95 Millionen m^2 Verkaufsfläche in Deutschland, im Jahr 2004 waren es bereits 116 Millionen m^2 und der Hauptverband des deutschen Einzelhandels (HDE) prognostiziert bis zum Jahre 2010 ein weiteres Wachstum auf 125 Millionen m^2 Fläche, obwohl der Umsatz stagniert.[123] Damit verbunden wächst natürlich auch die Zahl der

---

121) EHI (Hg.): *Handel aktuell. Struktur, Kennzahlen und Profile des deutschen und internationalen Handels – Ausgabe 2006/2007.* Köln: EHI Verlag, 2006.
122) O.N.: *Wal-Mart in Deutschland - ein Überblick.* URL: http://www.lz-net.de/links/hotlinks/pages/protected/show 53679.html# [28.07.2006, 20:15 MEZ].
123) EHI (Hg.): *Handel aktuell. Struktur, Kennzahlen und Profile des deutschen und internationalen Handels – Ausgabe 2006/2007.* Köln: EHI Verlag, 2006.

Filialen. Vor allem die Zahl der Discountmärkte hat in den Jahren von 1995 bis 2005 stark zugenommen, von 10.666 Märkten 1995 auf 14.000 2005.[124]

Abb. 9: Entwicklung der Discounter in Deutschland von 1995 bis 2005

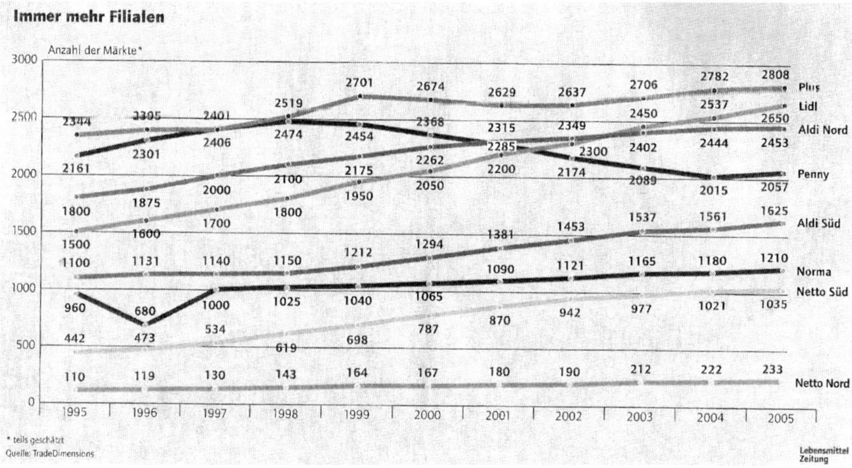

Quelle: SCHULZ, Hans-Jürgen: *Klasse statt Masse.* In: Lebensmittel Zeitung Nr.13, Jg. 58 (2006), S.44-45.

Insgesamt hatten die Discounter im Jahr 2005 einen mittleren Marktanteil von 40,5 %,[125] im Gegensatz zu 33,5 % im Jahr 2000.[126] Innerhalb der verschiedenen Produktgruppen differieren die Marktanteile aber sehr stark:

---

124) SCHULZ, Hans-Jürgen: *Klasse statt Masse.* In: Lebensmittel Zeitung Nr.13, Jg. 58 (2006), S.44-45.

125) ZMP (Hg.): *Die Marktanteile der Discounter in Deutschland.* Aktuelle Marktgrafik: 06.02.2005. [Online im Internet] URL: http://www.zmp.de/presse/agrarwoche/marktgrafik/zbgrafik06.pdf [13.11.2006, 10:21 MEZ].

126) EHI (Hg.): *Handel aktuell. Struktur, Kennzahlen und Profile des deutschen und internationalen Handels – Ausgabe 2006/2007.* Köln: EHI Verlag, 2006.

Quelle: ZMP (Hg.): *Aktuelle Marktgrafik: Die Marktanteile der Discounter in Deutschland.* [Online im Internet] URL: http://www.zmp.de/presse/agrarwoche/marktgrafik/zbgrafik06.pdf [13.11.2006, 10:21 MEZ].

Allerdings scheint mittlerweile eine gewisse Sättigung eingetreten zu sein. Zwar ist der Preis immer noch das wichtigste Einkaufskriterium und damit die Discounter in einer starken Position, Qualität und Auswahl rücken aber wieder in den Vordergrund. Das bedeutet eine Chance für die Supermärkte, über ihre Sortimente und Kundennähe Marktanteile zurückgewinnen zu können.[127]

---

127) STEVERDING, Andrea: *Mercer-Studie zum Lebensmitteleinzelhandel in Deutschland Renaissance der Supermärkte.* URL: http://www.innovations-report.de/html/berichte/studien/bericht-74474.html [17.01.2007, 17:34 MEZ].

3.5 Entwicklungen im Lebensmittelrecht

Lebensmittelrecht verfolgt immer zwei Grundgedanken, die die Basis allen Rechts im Zusammenhang mit Lebensmitteln bilden:

- Schutz der Gesundheit der Verbraucher und
- Schutz der Verbraucher vor Täuschung.[128]

3.5.1 Geschichte des deutschen Lebensmittelrechts

Solange sich die Menschen noch selbst mit allen Grundnahrungsmitteln wie Brot, Fleisch, Obst und Gemüse versorgten, bestand kein Bedarf an gesetzlichen Regelungen. Im frühen Mittelalter dann, mit beginnendem Nah- und Fernhandel und wachsenden Städten, war dies nicht mehr der Fall und es entwickelten sich Märkte. Hier entwickelten sich erste Grundsätze im Verkehr mit Lebensmitteln und eine Marktpolizei, Vorläufer der heutigen Lebensmittelüberwachung, kontrollierte Preise, Wiegegewichte, Handelsregeln und die Waren selbst. Rechtslegungen galten allerdings nie einheitlich für das ganze Römische Reich Deutscher Nation, sondern fanden ihren Platz in Polizeigesetz und Polizeiverordnungen. Dies führte zu den unterschiedlichsten Regelungen in den Städten. Eine erste Landordnung, die auch heute noch gilt, erließ 1516 Herzog Wilhelm IV in Ingolstadt: das deutsche Reinheitsgebot.[129]

Mit dem deutschen Reich 1871 begann der Prozess der Vereinheitlichung der vorher unabhängigen Länder. Diesen Prozess kann man mit dem heutigen Angleichen der Gesetzgebung an das EU-Recht vergleichen. Auch hier galt: „Reichsrecht vor Landesrecht“. Als Grundlage diente die Verfassung und 1879 trat schließlich das „Gesetz betreffend den Verkehr mit Nahrungsmitteln, Genussmitteln und Gebrauchsgegenständen“ (NMG) im ganzen deutschen Reich in Kraft.[130] Außerdem wurden einige weitere Spezialgesetze erlassen, zum Beispiel 1887 das Gesetz bezüglich des Verkehrs mit blei- und zinkhaltigen Gegenständen, das Gesetz für die Verwendung von gesundheitsschäd-

---

128) vgl.: WENZEL, Mathias: *Ausgewählte Rechtsgebiete.* Unveröffentlichte Lehrunterlagen (SS 06) an der FH Weihenstephan/Triesdorf.

129) WENZEL, Mathias: *Ausgewählte Rechtsgebiete.* Unveröffentlichte Lehrunterlagen (SS 06) an der FH Weihenstephan/Triesdorf.

130) vgl.: WENZEL, Mathias: *Ausgewählte Rechtsgebiete.* Unveröffentlichte Lehrunterlagen (SS 06) an der FH Weihenstephan/Triesdorf.

lichen Farben, das Margarinegesetz, 1892 das Weingesetz und einige mehr. Mit dem ersten Weltkrieg breiteten sich Ersatzlebensmittel aus und es wurden erste Kennzeichnungsregelungen erstellt.[131]

1974 schließlich wurde ein völlig neues „Gesetz über den Verkehr mit Lebensmitteln, Tabakerzeugnissen, kosmetischen Mitteln und sonstigen Bedarfsgegenständen (LMBG = Lebensmittel- und Bedarfsgegenständegesetz)“ erlassen.[132]

3.5.2 Aufbau des heutigen Lebensmittelrechts

Das in Deutschland geltende „Lebensmittelrecht“ ist eine Sammelbezeichnung für europäische und deutsche Normen, die den Schutz der Verbraucher vor Gesundheitsgefahren und Täuschung im Zusammenhang mit Lebensmitteln dienen. Dabei gilt das europäische Recht vor dem nationalen Recht. Daher gibt es fast keine nationalen Vorschriften, die nicht auf europäischem Recht beruhen würden.[133]

Seit 21.01.2002 gibt es die europaweit geltende Verordnung Nr. 178/2002. Sie wird auch als Lebensmittel-Rahmen-Verordnung oder als Basis Verordnung bezeichnet. Mit dieser Verordnung soll die Sicherheit von Lebensmitteln vom „Acker bis zum Teller“ gewährleistet werden. Das neue Lebensmittel- und Futtermittelgesetzbuch (LFGB) entspricht ihrer Umsetzung in nationales Recht und ist seit 01.08.2005 in Kraft. In ihm sind „grundlegende Vorschriften für den Verkehr mit Lebensmitteln, kosmetischen Mitteln, Bedarfsgegenständen und Futtermitteln zum Schutz des Verbrauchers vor gesundheitlicher Beeinträchtigung und Täuschung“ geregelt. Das LFGB hat das LMBG von 1974 vollständig ersetzt.

---

131) WENZEL, Mathias: *Ausgewählte Rechtsgebiete.* Unveröffentlichte Lehrunterlagen (SS 06) an der FH Weihenstephan/Triesdorf.

132) WENZEL, Mathias: *Ausgewählte Rechtsgebiete.* Unveröffentlichte Lehrunterlagen (SS 06) an der FH Weihenstephan/Triesdorf.

133) vgl.: BECK-TEXTE: *Lebensmittelrecht.* 2. Aufl. München: Deutscher Taschenbuch Verlag, 2005.

Abb. 10: Überblick über die grundlegenden Regelungen im Lebensmittelrecht

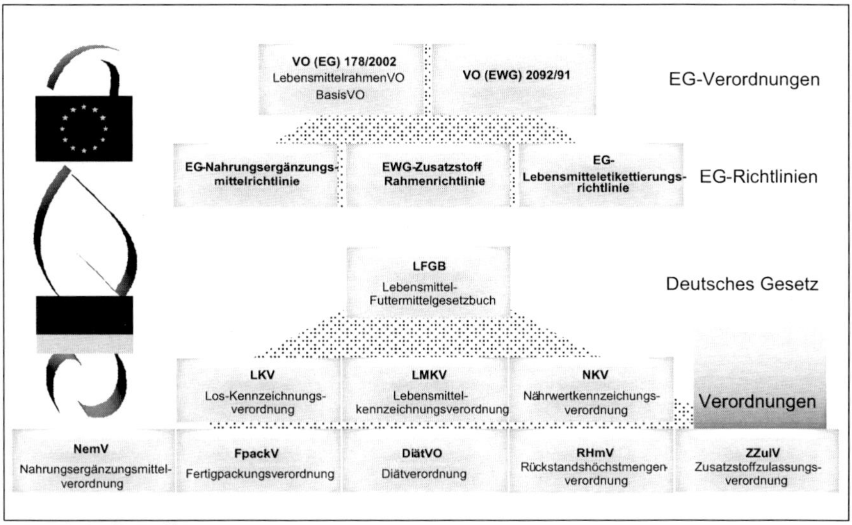

Quelle: eigene Darstellung

In den Verordnungen werden vor allem die EG-Richtlinien in nationales Recht umgesetzt. So enthält zum Beispiel die Zusatzstoffzulassungsverordnung die Vorschriften der EWG-Zusatzstoff-Rahmenrichtlinie oder die Nahrungsergänzungsmittelverordnung die der EG-Nahrungsergänzungsmittel-Richtlinie.

Erlassene EG-Verordnungen haben direkte Geltung für jeden EU-Bürger, deshalb spricht man auch von „europäischem Recht“. Die EG-Richtlinien richten sich nicht direkt an den Bürger, sondern an die Mitgliedsstaaten der EU. Das bedeutet, dass die Richtlinien zunächst, innerhalb einer bestimmten Frist, in nationales Recht umgewandelt werden müssen. Allerdings gilt innerhalb dieser Frist, dass EU-Bürger diese Richtlinien direkt anwenden dürfen, sofern diese hinreichend genau geregelt sind, vorausgesetzt, die EG-Richtlinie ist noch nicht umgesetzt. Diese Regelung nennt man auch „effet utile“, da sie unter Umständen sehr nützlich für einzelne EU-Bürger sein kann.[134]

Andererseits kann die Angleichung an das EU-Recht auch Nachteile mit sich bringen. Durch die Harmonisierung der Regelungen zu Pflanzenschutzmitteln sind beispielsweise Grenzwerte für Pestizidrückstände in Obst und Gemüse heraufgesetzt worden. Dies

---

134) WENZEL, Mathias: *Ausgewählte Rechtsgebiete.* Unveröffentlichte Lehrunterlagen (SS 06) an der FH Weihenstephan/Triesdorf.

hat zur Folge, dass die Zahl der Höchstmengenüberschreitungen stark zurückgegangen ist, obwohl sich die Rückstände nicht verringert haben.[135] Dies kann zu einer Irreführung der Verbraucher führen, da diese sich in falscher Sicherheit wiegen.

3.5.3 Die neue Health-Claim-Verordnung

Die Health-Claim-Verordnung wird an dieser Stelle beispielhaft für neue Entwicklungen im Lebensmittelrecht behandelt, da sie mit großer Spannung in der Lebensmittelbranche erwartet wurde und direkten Einfluss auf einen Megatrend der letzten Jahre, nämlich das so genannte Functional Food, nehmen wird. (siehe dazu Kapitel 4.2)

Endlich sind sie veröffentlicht, die neuen Regeln für die so genannten Health Claims, nährwert- und gesundheitsbezogene Angaben bei Lebensmitteln. Industrie und Handel warten bereits seit Jahren darauf. Anfang Oktober 2006 wurden sie erlassen, am 30.12.2006 wurden sie veröffentlicht: Die „Verordnung (EG) 1924/2006 über nährwert- und gesundheitsbezogene Angaben über Lebensmittel“ die gesundheitsbezogene Werbung regelt und die „Verordnung (EG) 1925/2006 über den Zusatz von Vitaminen und Mineralstoffen sowie bestimmten anderen Stoffen zu Lebensmitteln“, die Bestimmungen zur Anreicherung von Lebensmitteln enthält. Nach der Veröffentlichung bleiben nur noch 20 Tage, dann treten sie in Kraft und innerhalb von 6 Monaten müssen sie von Produzenten angewandt werden.[136]

In Zukunft werden drei Arten von Health Claims unterschieden:

- Nährwertbezogene Angaben

Die Verordnung legt 24 Nährwertangaben fest. Bisher gab es nur wenige Begriffsdefinitionen.[137]

- Gesundheitsbezogene Angaben

Bisher war die Rechtslage zu Angaben wie zum Beispiel „unterstützt das Immunsystem“ nicht eindeutig. Die Europäische Behörde für Lebensmittelsicherheit (ES-

---

135) O.N.: *Schutz vor Pestiziden sinkt.* URL: http://www.fr-online.de/in_und_ausland/wirtschaft/aktuell/?em_cnt= 1037189 [21.12.2006, 18:10 MEZ].

136) O.N.: *Neue Spielregeln für das Werben mit Gesundheit.* In: Allgemeine Fleischer Zeitung Nr. 1, Jg. 124 (2007), S.1.

137) MASCHKOWSKI, Gesa: *EU-Parlament stimmt Health-Claim-Verordnung zu.* In: Ernährung im Fokus Nr. 6, Jg. 6 (2006), S.174.

FA) wird eine Positivliste mit erlaubten gesundheitsbezogene Angaben zusammenstellen.[137]

- Angaben mit Bezug auf Krankheitsrisiken und Kinder

Angaben mit Bezug auf Krankheitsrisiken waren bisher verboten, für Kinderwerbung gab es dagegen keine besonderen Einschränkungen. In Zukunft wird es hier strenge Auflagen geben. Möchte man mit diesen so genannten „Risk Reducation Claims“ werben, muss man aufwändige Zulassungsverfahren beantragen und die Angabe auf hohem wissenschaftlichen Niveau absichern.[137]

Für das Nährwertprofil, das für die Werbung mit gesundheitsbezogenen Angaben erstellt werden muss, bleiben allerdings noch 2 Jahre Zeit und die Positivliste für Angaben mit Bezug auf Krankheitsrisiken hat noch 3 Jahre Zeit.[138]

Eine Übersicht, welche nährwertbezogenen Angaben in Zukunft erlaubt sind gibt folgende Darstellung:

Abb. 11: Nährwertbezogene Angaben nach der neuen Verordnung (EG) 1924/2006

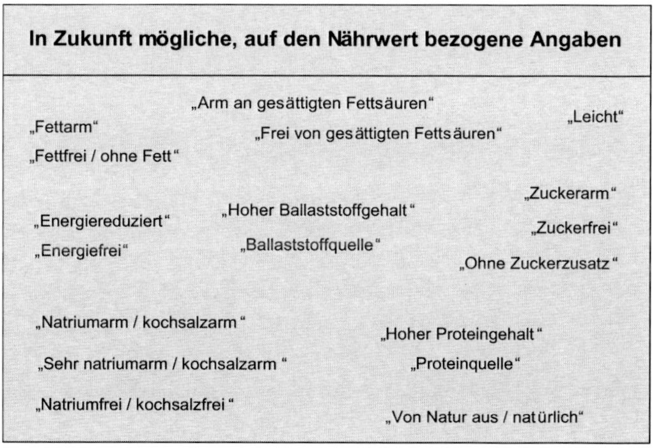

Quelle: eigene Zusammenstellung[139]

138) O.N.: *Neue Spielregeln für das Werben mit Gesundheit.* In: Allgemeine Fleischer Zeitung Nr. 1, Jg. 124 (2007), S.1.

139) BERTLING, Lutz: *Die Health Claims kommen.* In: gv-praxis Nr. 9, Jg. 34 (2006), S.88-89.

4 Trends in der deutschen Esskultur

Die im vorangegangenen Abschnitt herausgearbeitete gesellschaftliche Ist-Situation in Deutschland wirkt sich maßgeblich auf die Trends in der deutschen Esskultur aus. Bei diesen Trends kann es sich sowohl um kurze Erscheinungen als auch um langfristige Änderungen des Essverhaltens handeln. So entwickelt sich der im Folgenden beschriebene Trend zu Convenience Food bereits seit vielen Jahren. Gleichzeitig ist er aber immer noch sehr aktuell, da er sich durch Chilled Food wieder ganz neu erfunden hat.

Grundsätzlich lässt sich feststellen, dass je mehr ein Trend den Bedürfnissen der Verbraucher, die sich aus deren Lebensstil und deren Wertvorstellungen ergeben, nachkommt, desto eher wird er sich etablieren und die Esskultur nachhaltig verändern. Auch gesellschaftliche Wandlungsprozesse können eine Änderung der Ernährungsgewohnheiten zur Folge haben.[140] Diesen Zusammenhang soll die folgende Darstellung deutlich machen und einen Überblick über die zu behandelnden Trends gegeben:

Abb. 12: Die Bedürfnisstruktur der Verbraucher und Ableitung der Trends

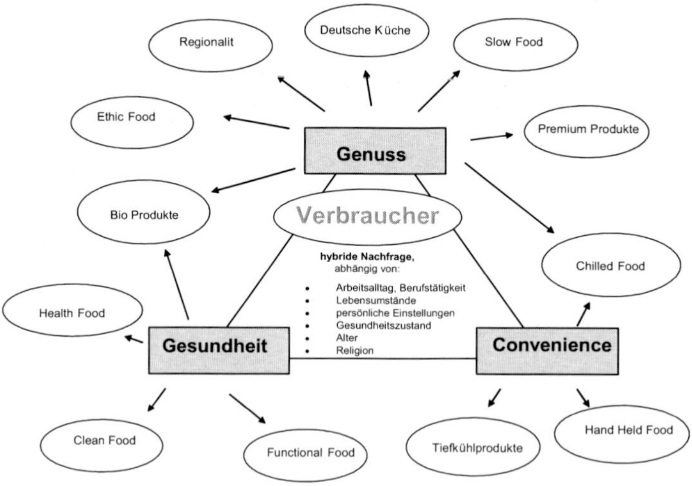

Quelle: eigene Darstellung

140) Kersch, Christina: *Studie: Von der Nische zum Mainstream.* URL: http://www.lz-net.de/dossiers/aktuell/pages /show.prl?id=2693&backid=2675 [25.09.2006, 10:35 MEZ].

Im folgenden Kapitel werden diese Trends einzeln beleuchtet und soweit möglich mithilfe einer Marktübersicht über Trend-Produkte in Deutschland, die sich im Anhang befindet, veranschaulicht. Näheres zu den verwendeten Beispielen findet sich ebenfalls in der Marktübersicht.

4.1 Convenience Food

Als eines der ersten convenienten Produkte kann man das Backpulver bezeichnen. Der Apotheker Dr. August Oetker erkannte bereits Ende des 19. Jahrhunderts den Bedarf der Hausfrauen nach einer Arbeitserleichterung und einer Gelinggarantie fürs Kuchenbacken. Sein auf den Markt gebrachtes „Backin“ ist mittlerweile zu einem Markenartikel geworden. Das liegt nicht allein daran, dass Oetker das Backpulver in der heutigen Form erfunden hat, sondern auch daran, dass er es in Portionsbeuteln verpackt hat. Außerdem lieferte er Rezepte dazu und verknüpfte so einen weitere Dienstleistung mit seinem Produkt.[141]

---

141) VON HALLER, Albert: *Was werden wir morgen essen?* 1. Auflage. Düsseldorf und Wien: Econ-Verlag, 1966.

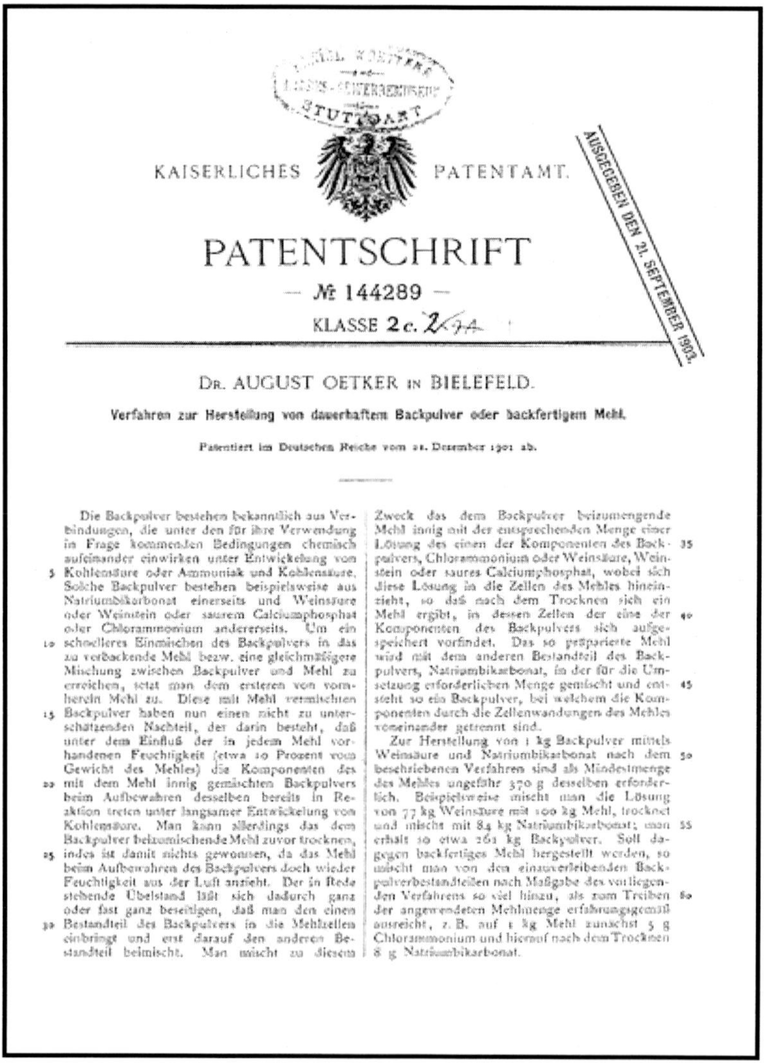

KAISERLICHES PATENTAMT.

AUSGEGEBEN DEN 21. SEPTEMBER 1903.

PATENTSCHRIFT

— № 144289 —

KLASSE 2c.

DR. AUGUST OETKER IN BIELEFELD.

Verfahren zur Herstellung von dauerhaftem Backpulver oder backfertigem Mehl.

Patentiert im Deutschen Reiche vom 21. Dezember 1901 ab.

Die Backpulver bestehen bekanntlich aus Verbindungen, die unter den für ihre Verwendung in Frage kommenden Bedingungen chemisch aufeinander einwirken unter Entwickelung von Kohlensäure oder Ammoniak und Kohlensäure. Solche Backpulver bestehen beispielsweise aus Natriumbikarbonat einerseits und Weinsäure oder Weinstein oder saurem Calciumphosphat oder Chlorammonium andererseits. Um ein schnelleres Einmischen des Backpulvers in das zu verbackende Mehl bezw. eine gleichmäßigere Mischung zwischen Backpulver und Mehl zu erreichen, setzt man dem ersteren von vornherein Mehl zu. Diese mit Mehl vermischten Backpulver haben nun einen nicht zu unterschätzenden Nachteil, der darin besteht, daß unter dem Einfluß der in jedem Mehl vorhandenen Feuchtigkeit (etwa 10 Prozent vom Gewicht des Mehles) die Komponenten des mit dem Mehl innig gemischten Backpulvers beim Aufbewahren desselben bereits in Reaktion treten unter langsamer Entwickelung von Kohlensäure. Man kann allerdings das dem Backpulver beizumischende Mehl zuvor trocknen, indes ist damit nichts gewonnen, da das Mehl beim Aufbewahren des Backpulvers doch wieder Feuchtigkeit aus der Luft anzieht. Der in Rede stehende Übelstand läßt sich dadurch ganz oder fast ganz beseitigen, daß man den einen Bestandteil des Backpulvers in die Mehlzellen einbringt und erst darauf den anderen Bestandteil beimischt. Man mischt zu diesem Zweck das dem Backpulver beizumengende Mehl innig mit der entsprechenden Menge einer Lösung des einen der Komponenten des Backpulvers, Chlorammonium oder Weinsäure, Weinstein oder saures Calciumphosphat, wobei sich diese Lösung in die Zellen des Mehles hineinzieht, so daß nach dem Trocknen sich ein Mehl ergibt, in dessen Zellen der eine der Komponenten des Backpulvers sich aufgespeichert vorfindet. Das so präparierte Mehl wird mit dem anderen Bestandteil des Backpulvers, Natriumbikarbonat, in der für die Umsetzung erforderlichen Menge gemischt und entsteht so ein Backpulver, bei welchem die Komponenten durch die Zellenwandungen des Mehles voneinander getrennt sind.

Zur Herstellung von 1 kg Backpulver mittels Weinsäure und Natriumbikarbonat nach dem beschriebenen Verfahren sind als Mindestmenge des Mehles ungefähr 370 g desselben erforderlich. Beispielsweise mischt man die Lösung von 77 kg Weinsäure mit 100 kg Mehl, trocknet und mischt mit 84 kg Natriumbikarbonat; man erhält so etwa 261 kg Backpulver. Soll dagegen backfertiges Mehl hergestellt werden, so mischt man von den einzuverleibenden Backpulverbestandteilen nach Maßgabe des vorliegenden Verfahrens so viel hinzu, als zum Treiben der angewendeten Mehlmenge erfahrungsgemäß ausreicht, z. B. auf 1 kg Mehl zunächst 5 g Chlorammonium und hierauf nach dem Trocknen 8 g Natriumbikarbonat.

Abb. 13: Patentschrift August Oetker

Quelle: O.N.: *Bild: Oetker patent.jpg*
URL: http://de.wikipedia.org/wiki/Bild:Oetker_patent.jpg#file [15.01.2007, 17:14 MEZ]

Auch der Schweizer Henri Nestlé hat die Bedürfnisse der Menschen erkannt und brachte das erste, industriell hergestellte Kindernährmittel auf den Markt. Heute ist die Nestlé S.A. mit einem Umsatz von 91075 Mio. € im Geschäftsjahr 2005 der weltweit zweitgrößte Hersteller von Fast Moving Consumer Goods.[142]

Es lässt sich also feststellen, dass die Auslagerung der Lebensmittelzubereitung keine neue Erfindung unserer Zeit ist, sondern lediglich eine weiterführende Entwicklung aus der Auslagerung der Lebensmittelproduktion und –verarbeitung.[143]

4.1.1 Definition und Einteilung

Convenience bedeutet, übersetzt man es ins Deutsche, soviel wie Annehmlichkeit, Bequemlichkeit oder auch Komfort. Nach dem „American Heritage Dictionary of the English Language" versteht man unter Convenience Food ein abgepacktes Gericht, das schnell und einfach zuzubereiten ist.[144] Indem Zubereitungsschritte bereits von der Industrie übernommen werden stellt Convenience Food eine sehr praktische und gefragte Unterstützung in der Zubereitung der Mahlzeiten dar. Vor allem die Tatsachen, dass immer mehr Frauen berufstätig (siehe dazu Kapitel 3.1.3) sind und die Haushaltsgrößen sinken (siehe dazu Kapitel 3.1.2), bewirken eine immer größer werdende Nachfrage nach diesen Produkten.

Die Einteilung von Convenience Food kann unter den beiden Gesichtspunkten „Grad der Zubereitung" und „Art der Haltbarmachung" erfolgen.

Betrachtet man den Grad der Zubereitung von Convenience Food, lässt sich folgende Einteilung vornehmen:

142) O.N.: *Top 100 Lieferanten der Welt 2005.* URL: http://www.lz-net.de/rankings/industriewelt/pages/show.prl?id= 196 [09.11.2006, 13:12 MEZ].
143) RÜTZLER, Hanni: *Was essen wir morgen?* Wien: Springer Verlag, 2005.
144) vgl.: RÜTZLER, Hanni: *Was essen wir morgen?* Wien: Springer Verlag, 2005.

Abb. 14: Einteilung von Convenience-Produkten nach Zubereitungsgrad

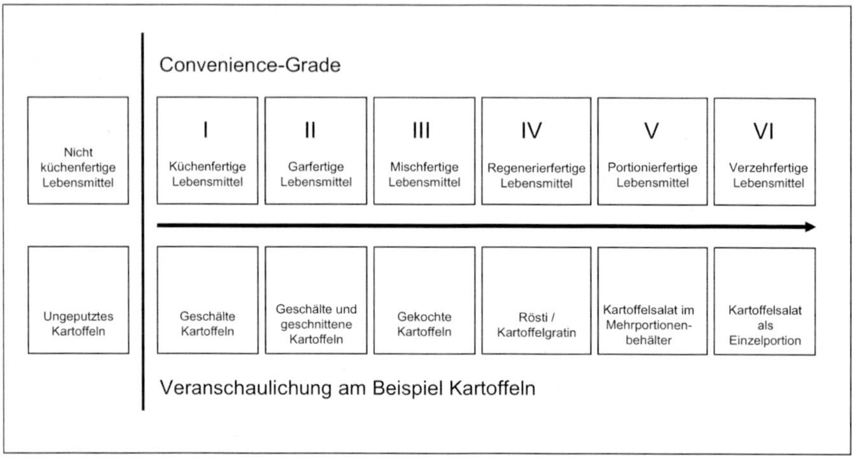

Quelle: eigene Darstellung[145]

Bei der Art der Haltbarmachung gibt es folgende Kategorien convenienter Produkte:[146]

- Trockenfertigprodukte

  Viele Produkte gibt es hier im Bereich Trockensuppen und Instant-Pulver (für Püree, Saucen, Kaffee, Teegetränke usw.). Besonders beliebt sind die so genannten Fix-Produkte.

  Beispiel: „Natur Pur Suppen" von Maggi

- Nassfertigprodukte

  Hierbei handelt es sich meist um sterilisierte und pasteurisierte Gerichte.[147] Die Konservendose ist der bekannteste Vertreter dieser Kategorie. Durch neue Verpackungen sollen diese Produkte moderner gestaltet werden.

  Beispiel: Hengstenberg Apfelrotkohl aus dem Aromabeutel

145) BOBER, Siegfried: *Marketing-Management in der Gemeinschaftsgastronomie. Konzepte – Methoden – Erfahrungen.* 3. erweiterte und aktualisierte Aufl. Frankfurt/Main: Dt. Fachverlag, 2001.
146) näheres zu den Beispielen in Anhang 1: Marktübersicht über Trend-Produkte in Deutschland.
147) RÜTZLER, Hanni: *Was essen wir morgen?* Wien: Springer Verlag, 2005.

- Tiefkühlprodukte

  Tiefgekühlte Produkte sind immer noch weiter im Wachstum und beim Verbraucher sehr beliebt

  Beispiel: Dr. Oetker Pizza Snack

- Chilled Food

  Frische, gekühlte Produkte sind das Wachstumssegment der letzten Jahre. (siehe dazu Kapitel 4.1.3)

  Beispiel: Friedrichs Wildlachs-Sticks mit Aioli-Dip

Zusätzlich zu den vorangehenden Einteilungen gibt es weitere Aspekte im Umgang mit Lebensmitteln, die convenienten Charakter haben. Dies kann alles was Einkauf, Transport, Lagerung, Vorbereitung und Zubereitung angeht betreffen und beispielsweise folgendes sein:

- Gemeinsame Platzierung von Spargel, Sauce Hollandaise und Weißwein,
- Tragevorrichtung an der Verpackung,
- Tiefgekühlter Spinat in Minis portioniert,
- Wieder verschließbare Verpackungen,
- Einzeln verpackte Müsliriegel in einer Umverpackung,
- Kombis aus verschiedenen Produkten zum Beispiel Iglo Spinat mit Philadelphia,
- Online-Lebensmittelhandel,
- Lieferdienste

und vieles mehr.

4.1.2 Marktentwicklung

Auch wenn Deutschland im Vergleich zu anderen Ländern wie die USA, England und die Niederlande immer noch sehr viel Nachholbedarf hat, ist Convenience Food aus unseren Küchen nicht mehr wegzudenken. Von 1996 bis 2006 ist der Anteil unverarbeiteter Lebensmittel von 65 % auf 37 % gesunken, was in der folgenden Abbildung dargestellt wird.[148]

Abb. 15: Anteil (in Prozent) an Lebensmitteln und Speisen unterschiedlicher Zubereitung im Vergleich mit unverarbeiteten Lebensmitteln

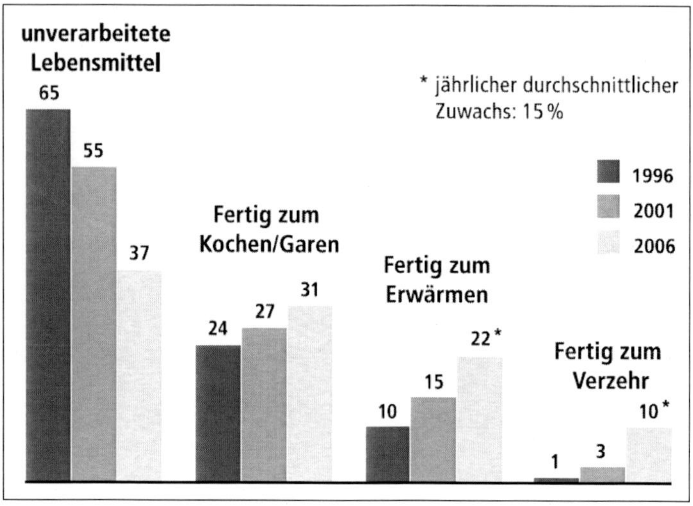

Quelle: O.N.: *Chilled Food.* In: richtig essen – gesünder leben. Aktuelles aus Wissenschaft und Praxis Nr. 1, 2006, S.11. [Online im Internet] URL: http://www.cma.de/content/ernaehrungswissen/richtig- essen-gesuender-leben-archiv.php#Ausgabe%201/2006 [16.01.2007, 03:58 MEZ].

Das Umsatzvolumen von Chilled Food hat mittlerweile das der Nassfertigprodukte überholt.[149] Tiefkühlkost umfasst immer noch den größten Sortimentsanteil. Laut Deutschem Tiefkühlinstitut dürfte der Gesamtumsatz mit tiefgekühlten Lebensmitteln im Jahr 2006 bei 10 Milliarden € liegen, was einem Verbrauch von 38,2 kg pro Kopf entspricht.[150] Besonders beliebt ist die Tiefkühlpizza, deren Pro-Kopf-Verbrauch im Jahr 2005 bei 2,9 kg lag.[151]

---

148) O.N.: *Chilled Food.* In: richtig essen – gesünder leben. Aktuelles aus Wissenschaft und Praxis Nr. 1, 2006, S.11. [Online im Internet] URL: http://www.cma.de/content/ernaehrungswissen/richtig-essen-gesuender-leben-archiv.php#Ausgabe%201/2006 [16.01.2007, 03:58 MEZ].

149) OLTMANNS, Brigitte: *Mehrwert auf die Schnelle.* In: Lebensmittel Praxis Nr. 12, Jg. 58 (2006), S.32-37.

150) O.N.: *Tiefkühlkost wächst schneller: Weitere Marktanteile gewonnen.* In: tiefkühl-report Nr. 10, Jg. 33 (2006), S.6.

151) O.N.: *Beliebt bei jung und alt. Pizza ist und bleibt ein Renner.* In: tiefkühl-report Nr. 9, Jg. 33 (2006), S.215.

4.1.3 Chilled Food als herausragendes Segment

Laut GfK wächst der Markt für Chilled Food derzeit um ein Drittel jährlich[152] und gehört damit zu den wachstumsstärksten Bereichen im Lebensmittelhandel. Branchenexperten schätzen, dass Ende 2006 die Drei-Milliarden-Euro-Marke erreicht sein wird.[153] Chilled Food hat sich in Deutschland erst Ende der 90er Jahre entwickelt. Diese Lebensmittel stellen eine Weiterführung des bereits seit Jahren andauernden Convenience-Trends dar und erfüllen den Wunsch der Verbraucher nach mehr Frische, Qualität und Genuss. Diese Bedürfnisse sind bei den herkömmlichen Convenience-Produkten häufig zu kurz gekommen, zumindest aus Verbrauchersicht. Denn die Qualität frischer Erzeugnisse ist nicht unbedingt besser als die von tiefgekühlten Produkten.

Bei Chilled Food handelt es sich um frische, vorgefertigte oder fertige, Produkte aus dem Kühlregal. Das Angebot von Chilled Food umfasst dabei alle Conveniencegrade und teilt sich in die Gruppen:[154]

- Snacks

  Snacks können sofort verzehrt werden.

  Beispiel: geschnittene und gekühlte Ananas

- Fertiggerichte

  Fertiggerichte bieten eine komplette Mahlzeit.

  Beispiel: Lasagne aus dem Kühlregal

- Module zur Zubereitung einer Mahlzeit

  Mit diesen Komponenten können eigene Menüs zusammengestellt werden.

  Beispiel: frische gekühlte Nudeln

---

152) O.N.: *Essen der Zukunft: Das sind die 4 Megatrends für die nächsten Jahre.* In: Foodline Special 1, Beitrag 4. URL: http://www.food-monitor.de/foodline-infoletter/special/foodline-special1-4.htm [18.10.2006, 12:45 MEZ].

153) DÜTHMANN, Christiane: Essen auf der Überholspur. In: Lebensmittel Zeitung Spezial Nr. 3, Jg. 10 (2006), S.52-54.

154) O.N.: *Chilled Food.* In: richtig essen – gesünder leben. Aktuelles aus Wissenschaft und Praxis Nr. 1, 2006, S.10-11. [Online im Internet] URL: http://www.cma.de/content/ernaehrungswissen/richtig-essen-gesuender-leben-archiv.php#Ausgabe%201/2006 [16.01.2007, 03:58 MEZ].

Vor allem für den Handel ist dieses Marktsegment von entscheidender Bedeutung, da Konsumenten von Chilled Food über eine hohe Kaufkraft verfügen und auch bereit sind mehr Geld dafür auszugeben.[155] Allerdings wird eine ansprechende Präsentation erwartet, die den Mehrwert des Produkts, seine Frische und hochwertige Qualität unterstreicht.[156]

4.1.4 Hand Held Food - Die neue Snack-Kultur

Mit Hand Held Food werden Häppchen bezeichnet, die man ohne Besteck und ohne Anstrengung zu sich nehmen kann. Ob warm oder kalt, solche Snacks gibt es in den unterschiedlichsten Variationen, zum Beispiel pikante Sandwiches, Süßwaren und Gebäck und in zunehmendem Maße auch Milchprodukte und pikantes Knabbergebäck. Auch bereits geschnittenes Obst und Gemüse gehört dazu. Im Prinzip handelt es sich dabei ebenfalls um Convenience Food, denn es geht vor allem um eine Arbeitserleichterung für den schnellen Genuss.[157]

Dieser Trend macht sich im LEH insofern bemerkbar, dass immer mehr Hersteller ihre bewährten Produkte miniaturisieren und so genannte „Minis“ anbieten. Diese mundgerechten Häppchen, die auch als One-Bite-Prokukte bezeichnet werden, lassen sich ohne Probleme auch beispielsweise während der Arbeit, im Auto oder im Gehen verzehren.[158] Vor allem unser veränderter Arbeitsalltag zwingt uns immer öfter dazu, tagsüber so zu essen (siehe dazu auch Kapitel 3.1.3). Die Verpackungen dieser Produkte sind meist widerverschließbar und es handelt sich oft um so genannte Multipacks. In diesen Packungen sind mehrere einzeln verpackte Portionspackungen enthalten.

---

155) O.N.: *Chilled Food.* In: richtig essen – gesünder leben. Aktuelles aus Wissenschaft und Praxis Nr. 1, 2006, S.10-11. [Online im Internet] URL: http://www.cma.de/content/ernaehrungswissen/richtig-essen-gesuender-leben-archiv.php#Ausgabe%201/2006 [16.01.2007, 03:58 MEZ].
156) HOLLER, Dietrich: *Convenience: Aus dem Handel auf den Tisch.* URL: http://www.lz-net.de/dossiers/vertriebs konzepte/pages/show.prl?id=1059&backid=1918 [20.01.2006, 15:43 MEZ].
157) RÜTZLER, Hanni: *Was essen wir morgen?* Wien: Springer Verlag, 2005.
158) RÜTZLER, Hanni: *Was essen wir morgen?* Wien: Springer Verlag, 2005.

4.2 Functional Food

Vor allem aus Japan kommt der Trend, mit Lebensmitteln gezielte Gesundheitsvorsorge zu betreiben. Dort können bereits seit 1991 funktionelle Lebensmittel nach eingehender Prüfung mit dem gesetzlich geschützten FOSHU-Label gekennzeichnet werden.[159]

Erst Mitte der 90er Jahre gelangte das Konzept des Functional Food über die USA schließlich auch nach Deutschland. Bis dahin betrieb man Prävention eigentlich nur über die Vermeidung schädlicher Lebensmittel bzw. –inhaltsstoffe.[159]

4.2.1 Definition und Abgrenzung von Functional Food

In Deutschland bzw. der Europäischen Union gibt es keine gesetzlich festgelegte Definition von Functional Food. 1996 hat die EU-Kommission eine Arbeitsgruppe zu funktionellen Lebensmitteln einberufen, die so genannte FUFOSE-Gruppe. Demnach sind Functional Food Lebensmittel, die über ihren ernährungsphysiologischen Effekt hinaus einen Zusatznutzen aufweisen, indem sie den Gesundheitszustand bzw. das Wohlbefinden positiv beeinflussen und/oder eine Reduktion von Krankheitsrisiken herbeiführen. Außerdem sind funktionelle Lebensmittel Bestandteil der normalen Kost und werden deshalb nur in Form von Lebensmitteln angeboten, nicht in Form von Kapseln oder Pillen. Der propagierte positive Effekt tritt bei den üblichen Verzehrsmengen ein und das Lebensmittel kann so für jeden oder auch nur für definierte Bevölkerungsgruppen funktionelle Wirkung besitzen. Functional Food kann nach Auffassung der FUFOSE-Gruppe ein natürliches oder auch ein verarbeitetes Lebensmittel sein.[160]

Dass auch ein natürliches Lebensmittel, zum Beispiel Obst und Gemüse, Functional Food sein kann unterscheidet die Auffassung der FUFOSE-Gruppe grundsätzlich von den amerikanischen und japanischen Begriffsdefinitionen.[161]

---

159) HERRMANN, Anja Karina: *Kaufverhalten bei Innovationen auf dem Lebensmittelmarkt.* 1. Aufl. Wiesbaden: Deutscher Universitäts-Verlag, 2003.

160) GROENEVELD, Maike: *Lebensmittel mit Zusatznutzen – Definition und Marktübersicht.* [Online im Internet] URL: http://www.food-monitor.de/docs/lebensmittelsich/allgemeines/dge-lebensmittel-mit-zusatznutzen/Abs tract_Definition_Marktuebersicht_%20Dr.%20Maike_Groeneveld.pdf [21.01.2007, 23:29 MEZ].

161) HERRMANN, Anja Karina: *Kaufverhalten bei Innovationen auf dem Lebensmittelmarkt.* 1. Aufl. Wiesbaden: Deutscher Universitäts-Verlag, 2003.

Im Sinne der EG-BasisVO sind „Lebensmittel alle Stoffe oder Erzeugnisse, die dazu bestimmt sind oder von denen nach vernünftigem Ermessen erwartet werden kann, dass sie ... vom Menschen aufgenommen werden.“ In diesem Sinn gehört Functional Food zu den Lebensmitteln und sind daher klar von Arzneimitteln abzugrenzen.[162]

Der Unterschied von Functional Food zu Nahrungsergänzungsmitteln besteht darin, dass diese „in dosierter Form, insbesondere in Form von Kapseln, Pastillen, Tabletten, Pillen und anderen ähnlichen Darreichungsformen, Pulverbeuteln, Flüssigampullen, Flaschen mit Tropfeinsätzen und ähnlichen Darreichungsformen von Flüssigkeiten und Pulvern zur Aufnahme in abgemessenen kleinen Mengen, in den Verkehr gebracht werden.“ [163] Functional Food wird dagegen nur in Form von Lebensmitteln angeboten.

Novel Food ist ebenfalls klar von Functional Food zu unterscheiden. Allerdings können Schnittmengen bestehen, da auf ein funktionelles Lebensmittel auch die Novel-Food-Verordnung zutreffen kann.[164] Dies war beispielsweise bei Phytosterinen der Fall, die 2000 nach der Novel-Food-VO erstmals für den Einsatz in gelben Streichfetten genehmigt wurden. Das erste Produkt auf dem Markt war die cholesterinsenkende „becel pro aktiv“.[165]

Einen Überblick über die Einbindung von Functional Food in das Umfeld von Lebensmitteln und Arzneimitteln soll folgende Abbildung geben:

---

162) vgl.: BECK-TEXTE: *Lebensmittelrecht.* 2. Aufl. München: Deutscher Taschenbuch Verlag, 2005, S.13-14.

163) vgl.: BECK-TEXTE: *Lebensmittelrecht.* 2. Aufl. München: Deutscher Taschenbuch Verlag, 2005, S.225.

164) HERRMANN, Anja Karina: *Kaufverhalten bei Innovationen auf dem Lebensmittelmarkt.* 1. Aufl. Wiesbaden: Deutscher Universitäts-Verlag, 2003.

165) RITZKA, Margit: *Funktionelle Lebensmittel führen das Feld an. Was für Novel Food gibt es?* URL: http://www .was-wir-essen.de/verbraucher/novel_food_6450.php [11.10.2006, 13:44 MEZ].

Abb. 16: Abgrenzung von Functional Food

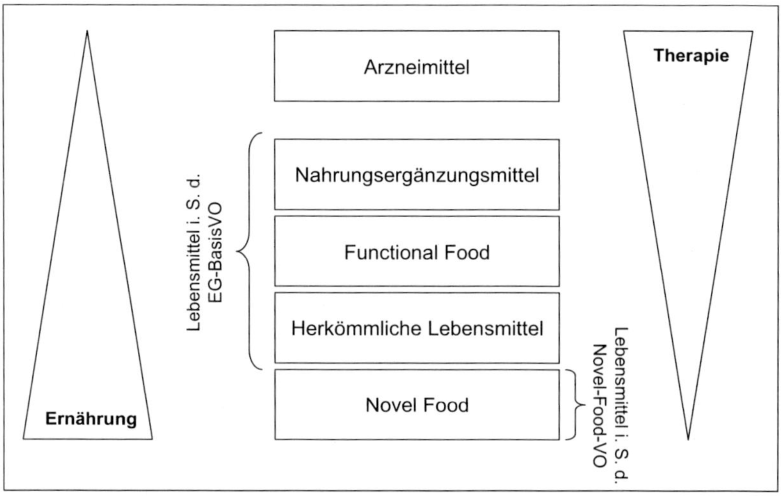

Quelle: eigene Darstellung[166]

4.2.2 Funktionelle Nahrungsmittelbestandteile

Es gibt eine Vielzahl von Substanzen denen eine Functional Food - Wirkung zugeschrieben wird. Allerdings ist deren positive Wirkung auf den Menschen nicht bei allen wissenschaftlich belegt. Wie diese Inhaltsstoffe beworben werden dürfen ist in der „Verordnung (EG) 1924/2006 über nährwert- und gesundheitsbezogene Angaben über Lebensmittel" geregelt (siehe dazu Kapitel 3.5.3). Ein tabellarischer Überblick, welche funktionellen Nahrungsmittelbestandteile eingesetzt werden und welche Wirkung ihnen zugeschrieben wird findet sich im Anhang.

166) In Anlehnung an: HERRMANN, Anja Karina: *Kaufverhalten bei Innovationen auf dem Lebensmittelmarkt.* 1. Aufl. Wiesbaden: Deutscher Universitäts-Verlag, 2003, S.47.

4.2.3 Markterfolg mit Functional Food

Da es keine einheitliche Definition von Functional Food gibt, variieren die Daten über die Größe des Markts für diese Lebensmittel.[167] Man spricht von einem Marktvolumen zwischen 400 Millionen € und 2,5 Milliarden €.[168] Produktgruppen bei denen der Anteil funktioneller Lebensmittel besonders hoch ist sind Fruchtsaftgetränke, Erfrischungsgetränke und Milchprodukte.[169]

Grundsätzlich besteht bei den deutschen Verbrauchern ein großes Interesse an gesunder Ernährung. Dazu gehört auch Functional Food, denn laut AC Nielsen halten rund 42 % der Deutschen Lebensmittel mit gesundheitsförderndem Zusatznutzen für eine gute Sache.[170] Auch wenn man die gesellschaftlichen Entwicklungen in Deutschland betrachtet wird deutlich, dass Functional Food ein enormes Erfolgspotenzial hat. Die Menschen werden immer älter (siehe dazu Kapitel 3.1.1) und leiden immer öfter unter so genannten Zivilisationskrankeiten wie zum Beispiel Übergewicht oder erhöhten Blutfettwerten (siehe dazu Kapitel 3.2.4). Dazu kommt die Tatsache, dass im Gesundheitswesen immer mehr eingespart wird.[171] Dies alles hat zur Folge, dass viele Menschen selbst mehr für die eigene Gesundheit tun wollen. Functional Food bietet ihnen die Möglichkeit, ohne großen Aufwand aktive Gesundheitsvorsorge zu betreiben und das, verglichen mit anderen Möglichkeiten, zu einem relativ geringen Preis. Dass diese Produkte meist teurer sind als herkömmliche Lebensmittel ist bei der Kaufentscheidung oft nebensächlich. Die Glaubwürdigkeit der Produkte dagegen ist von entscheidender Bedeutung.[172] Allerdings vermittelt Functional Food immer noch viel zu oft den Eindruck, dass funktionelle

---

167) ERBERSDORFER, Helmut F. & MEYER, Alfred H. (Hg.): *Praxishandbuch Functional Food.* Losebl.-Ausg. Hamburg: Behr`s Verlag, 1999, Stand 2003.

168) KILZER, Franz: *Lebensmittelmarkt – Entwicklungstendenzen und Chancen.* In: *Lebensmittel & Ernährung der Zukunft. Tagungsunterlagen* S.23-25. [Online im Internet] URL: http://www.lebensmittel-der-zukunft.de/Tagungsunterlagen_Gesamt.pdf [02.01.2007, 09:12 MEZ].

169) DGE (Hg.): *Ernährungsbericht 2004.* Frankfurt/Main: DGE, 2004.

170) AC NIELSEN (Hg.): *Trend Navigator „Functional Food".* [Online im Internet] URL: http://www.acnielsen.de /pubs/documents/ACNielsen_TrendNavigator_FunctionalFood_final.pdf [15.11.2006, 18:02 MEZ].

171) ROBERT KOCH-INSTITUT (Hg.): *Gesundheit in Deutschland.* Gesundheitsberichterstattung des Bundes. Berlin: Robert-Koch-Institut, 2006. [Online im Internet] URL: http://www.gbe-bund.de/gbe10/owards.prc_show_pdf?p_ id=9965&p_sprache=D&p_uid=gast&p_aid=15997482&p_lfd_nr=2 [23.11.2006, 14:08 MEZ].

172) AC NIELSEN (Hg.): *Trend Navigator „Functional Food".* [Online im Internet] URL: http://www.acnielsen.de /pubs/documents/ACNielsen_TrendNavigator_FunctionalFood_final.pdf [15.11.2006, 18:02 MEZ].

Bestandteile zugesetzt wurden, ohne dass ein wirklicher ernährungsphysiologischer Nutzen dahinter steht.[173] Hier bietet die neue Health Claim Verordnung die Chance, glaubhafter für den Verbraucher zu werden.[174]

Dieser ist nämlich durchaus bereit Functional Food in den Speiseplan aufzunehmen, wenn der Nutzen klar ersichtlich und wissenschaftlich belegt ist und unabhängige Institutionen wie beispielsweise die DGE den Verzehr eines Lebensmittels empfehlen. Ein gutes Beispiel hierfür ist Speisesalz mit Zusätzen, das 2006 bereits 80 % des Speisesalz-Umsatzes ausmachte.[174] Verwendete Zusätze sind Jod, Jod in Kombination mit Fluor und Fluor in Kombination mit Folsäure.[174]

4.3 Health Food

4.3.1 Abgrenzung und Einordnung von Health Food

Health Food beschreibt den Trend zu gesunder Ernährung und lässt sich unter dem Oberbegriff „Wellness“ einordnen. „Wellness“ leitet sich von den Begriffen "Wellbeing" und "Fitness" ab. 1959 wurde er vom Sozialmediziner Halbert I. Dunn neu aufgegriffen und es entwickelte sich das moderne Verständnis eines Gesundheitskonzeptes, dass auf Wohlbefinden, Spaß und eine gute körperliche Verfassung abzielt.[175] Wellness-Produkte haben "Wohlfühlcharakter" und suggerieren eine positive Wirkung auf die Gesundheit. Der Unterschied zu Functional Food ist bei manchen Produkten nicht ganz eindeutig. Zu Health Food gehören alle Lebensmittel, die entweder „eine Wirkung zeigen oder einfach nur gut tun“[176]. Sie zeichnen sich oftmals dadurch aus, dass bestimmte Inhaltsstoffe wie zum Beispiel Fett reduziert oder gar nicht eingesetzt werden. Zu Functional Food dagegen werden meist Stoffe zugesetzt um eine bestimmte ernährungsphysiologische Wirkung zu erzielen. Ein absoluter Grenzfall ist der Zusatz von Ballaststoffen. Im Bereich Functional Food werden sie wegen ihrer prebiotischen Wirkung und der damit verbundenen positiven Wirkung auf die Darmgesundheit bzw. wegen ihrer cho-

---

173) DGE (Hg.): *Ernährungsbericht 2004*. Frankfurt/Main: DGE, 2004.
174) AC Nielsen (Hg.): *Trend Navigator „Functional Food“*. [Online im Internet] URL: http://www.acnielsen.de /pubs/documents/ACNielsen_TrendNavigator_FunctionalFood_final.pdf [15.11.2006, 18:02 MEZ].
175) Rützler, Hanni: *Was essen wir morgen?* Wien: Springer Verlag, 2005.
176) vgl.: Rützler, Hanni: *Was essen wir morgen?* Wien: Springer Verlag, 2005, S.75.

lesterinsenkenden Wirkung eingesetzt. Ballaststoffe in Health Food dienen dem individuellen Wohlbefinden und der so genannten „Hungermodulierung", also der Einflussnahme auf das Hunger- und Sättigungsgefühl.[177]

4.3.2 Der neue Trend zu gesunder Ernährung

Gründe für den Boom in der Nachfrage nach Wellness-Produkten gibt es viele. Gesundheit und Wohlbefinden spielt vor allem in einer alternden Gesellschaft wie der unseren eine immer wichtigere Rolle. Zudem weiß die deutsche Bevölkerung um die Bedeutung der Ernährung für die Gesundheit. Daher steigt ihr Bedürfnis, sicherzugehen, sich richtig und gesund zu ernähren. Die richtige Ernährung ist für den Verbraucher in erster Linie der Verzehr der richtigen Lebensmittel wie beispielsweise Obst und Gemüse. Es spielen aber auch Dinge wie der Verzehr zumindest einer warmen Mahlzeit am Tag oder eine frische Zubereitung eine wichtige Rolle.[178] Allerdings gelingt es vielen Menschen nicht, diese Vorstellungen von einer gesunden Ernährung in ihren Alltag einzubauen. Oft sind sie durch die riesige Auswahl an Lebensmitteln überfordert und sehnen sich nach Eindeutigkeit, also eine klare Einteilung in gesunde und ungesunde Produkte.[178] Dies zeigt sich auch im Gesundheitszustand der deutschen Bevölkerung (siehe dazu Kapitel 3.2.4).

Health Food entspricht dem Bedürfnis nach gesunder Ernährung, bietet aber auch einfache Lösungen an, die den Verbraucher in seinem Alltag unterstützen. Solche Produkte können beispielsweise Tiefkühlfertiggerichte wie das „Bio-Gemüsegericht mit Reis" von Iglo sein. Dieses Produkt kombiniert Convenience mit gesunden und wertvollen Ausgangsstoffen und gibt dem Konsumenten das Gefühl das Richtige zu essen und sich gleichzeitig etwas Gutes zu tun.

Besonders Frauen ist eine gesunde Lebensweise und der "Einklang von Körper und Seele" sehr wichtig. Männer werden oftmals erst durch Frauen zu gesünderer Lebensweise motiviert.[179] Auch für ältere Menschen ist Health Food bedeutsam, da sie oft aus gesundheitlichen Gründen gewisse Inhaltsstoffe wie zum Beispiel Cholesterin meiden sollten. Allerdings möchte niemand seine individuellen Ernährungsgewohnheiten, die er

---

177) RÜTZLER, Hanni: *Was essen wir morgen?* Wien: Springer Verlag, 2005.
178) RÜTZLER, Hanni: *Was essen wir morgen?* Wien: Springer Verlag, 2005.
179) RÜTZLER, Hanni: *Was essen wir morgen?* Wien: Springer Verlag, 2005.

vielleicht schon das ganze Leben beibehalten hat, ändern müssen. Eine Lösung für diese Problematik bieten speziell darauf eingestellte Produkte. Nahrungsmittelbestandteile wie zum Beispiel Fett oder Cholesterin werden reduziert beziehungsweise ganz weggelassen. Ein Beispiel dafür ist die Produktlinie „Vital“ der Firma Homann. Diese beinhaltet fett- und cholesterinreduzierte Feinkostsalate für Menschen, die auf ihren Cholesterinspiegel achten müssen, aber nicht auf den geliebten Fleischsalat verzichten wollen.

In Zahlen lässt sich der Markt für Health Food nur schwer fest machen, da es keine allgemein gültige Definition gibt und die Grenzen zu Functional Food oder auch zu Clean Food nicht eindeutig sind. Festzustellen ist allerdings ein Wachstum des Teilbereichs Ernährung im Wellnessmarkt, während der Markt für Gesundheit, Schönheit und Fitness eher stagniert:

Abb. 17: Marktentwicklung des Wellness-Teilmarktes Ernährung im Vergleich mit den anderen Wellness Teilmärkten

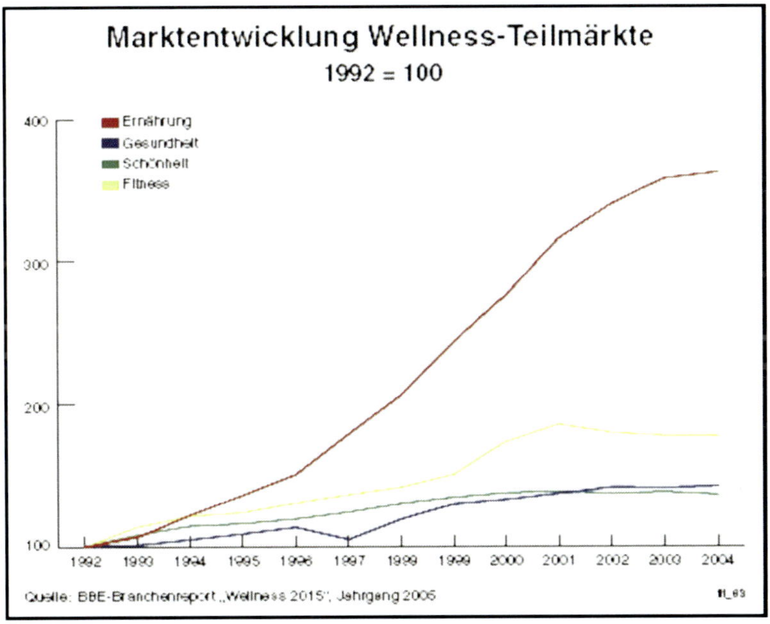

Quelle: O.N.: *FOCUS-Analyse: "Der Markt für Fitness und Wellness. Daten, Fakten, Trends."* [Online im Internet] http://www.medialine.de/hps/client/medialn/mluser/obj_sign/WCKjs8gVYv3KfWaanxw4rDgpCt0BdPHcahb7MIs5VZki/medialn_article_maerkte/maerkte/gesundheit_U_wellness/marktanalysen/fitness_U_wellness/HXCORE_NAV_5000036.hbs?ext_tgurl=hxcms%2Fproduction_category.hbs [25.01.2007, 10:21 MEZ].

Allerdings zeigt die Abbildung, dass auch der Teilmarkt Ernährung nicht mehr so stark wächst wie noch vor ein paar Jahren. Auch das Kölner Marktforschungsinstitut BBE ist zu dem Schluss gekommen, dass mit einem Verlust der Zugkraft des Etiketts "Wellness" gerechnet werden muss.[180] Daher wird es bei diesen Produkten in Zukunft noch viel wichtiger werden, dem Verbraucher den Nutzen aktiv näher zu bringen und einen echten "Mehrwert" zu bieten.

Besonders erfolgreich im Bereich Health Food haben sich Lizenzmarken wie Fit For Fun oder Weight Watchers positioniert. Sie vergeben Lizenzen an gesundheitsorientierte Produkte und liefern Verbraucherinformationen dazu.[181] Aber auch die Discounter setzen auf Health Food und haben eigene Handelsmarken auf den Markt gebracht. Plus hat beispielsweise eine eigene Wellness-Range namens "Viva vital" und Aldi mit "Be light" eine eigene leichte Linie.[181]

4.3.3 Die Produktpalette

Wellness-Produkte gibt es mittlerweile in nahezu jedem Sortimentsbereich. Egal welche Produktgruppe, es gibt immer eine kalorienreduzierte Variante davon. Neben diesen „Light-Produkten" gibt es auch Produkte mit Wohlfühlcharakter, die einzig und allein auf das seelische Befinden der Verbraucher abzielen und Produkte "ohne...", bei denen auf unterschiedliche Zusatzstoffe verzichtet wird. Hier verschwimmen die Grenzen zu Clean Food (siehe dazu Kapitel 4.4), das von „Nicht-Allergikern" gerne als Health Food angenommen wird.

Durch folgende Möglichkeiten kann Produkten ein „Light-Charakter" verliehen werden:

- Reduktion von Fett
- Reduktion von Cholesterin
- Reduktion von gesättigten Fettsäuren
- Reduktion von Zucker

---

180) O.N.: *Wellness-Marktdaten: BBE-Studie Wellness 2015: Erfolg mit Inhalt statt mit Etiketten.* [Online im Internet] URL: http://www.wellnessverband.de/infodienste/marktdaten/bbe_studie.php [29.10.2006, 15:21 MEZ].

181) OLTMANNS, Brigitte: *Nutzen verdeutlichen. Gesundes Potenzial.* In: Lebensmittel Praxis Nr. 6, Jg. 58 (2006), S.58-62.

- Reduktion von Kohlenhydraten
- Erhöhung des Ballaststoffgehalts
- Reduktion von Salz

Solche Light-Produkte bieten allerdings immer nur eine eindimensionale Lösung, weshalb ihre Verwendung auch immer sehr kurzfristigen Moden unterliegt.[182] Allerdings können solche Lebensmittel durchaus sinnvoll sein wenn sie in eine ausgewogene Ernährung eingebaut werden.

4.4 Clean Food

Als Clean Food bezeichnet man „reine" Lebensmittel, also Lebensmittel, die frei von Konservierungsmitteln und Zusatzstoffen sind.[183] Diese Lebensmittel werden besonders von Allergikern nachgefragt, immer mehr aber auch von anderen Verbrauchern, da sie Lebensmittelsicherheit und Qualität vermitteln.[183]

12 bis 19 % der Befragten in repräsentativen Erhebungen geben an, unter einer Lebensmittelallergie bzw. Lebensmittelunverträglichkeit zu leiden. Tatsächlich konnte aber nur bei 0,8 bis 2,4 % der Befragten wirklich eine Lebensmittelallergie festgestellt werden.[184] Diese Diskrepanz zwischen Wahrnehmung und tatsächlichen Allergien zeigt, wie stark sich Konsumenten mit diesem Thema auseinandersetzen. Auch wenn gar keine Allergie besteht, werden bestimmte Nahrungsmittelbestandteile vermieden. Clean Food geht also immer mehr weg von seinem therapeutischen Ansatz hin zu Produkten, die Qualität und Sicherheit versprechen.[185]

---

182) RÜTZLER, Hanni: *Was essen wir morgen?* Wien: Springer Verlag, 2005.

183) BUNDESMINISTERIUM FÜR LAND- UND FORSTWIRTSCHAFT, UMWELT UND WASSERWIRTSCHAFT, Österreich (Hg.): *Clean Food – „reine" Lebensmittel für Allergiker.* URL: http://www.lebensmittelnet.at/article/articleview/45110/1/11763 [03.01.2007, 12:46 MEZ].

184) ERNÄHRUNGSBERATUNG RHEINLAND-PFALZ (Hg.): *Lebensmittelallergien - ein neues Volksleiden?* URL: http:// www.am.rlp.de/Internet/global/startpage.nsf/start/Home_Ernaehrung?OpenDocument&ext_location= http://www.ernaehrungsberatung.rlp.de/Internet/global/themen.nsf/b88da5989d640fd2c12570350050d941/f83a7ef28d893717c1256faa00293ecc?OpenDocument [10.02.2007, 18:26 MEZ].

185) RÜTZLER, Hanni: *Was essen wir morgen?* Wien: Springer Verlag, 2005.

4.4.1 Begriffsbestimmungen

Die DGE teilt Lebensmittel-Unverträglichkeiten (LMU) in Anlehnung an die Empfehlungen der Europäischen Akademie für Allergologie und Klinische Immunologie (EAACI) folgendermaßen ein:

Abb. 18: Einteilung der Lebensmittel-Unverträglichkeiten

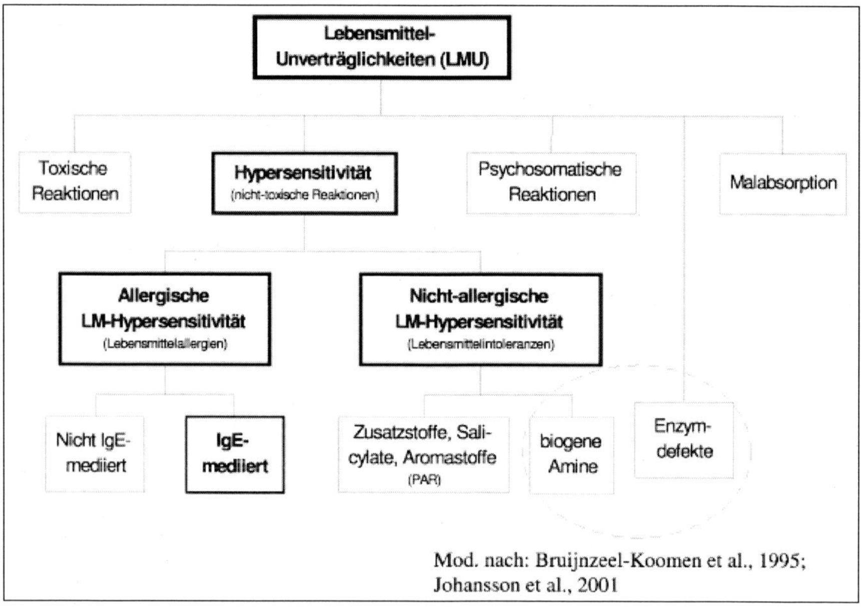

Quelle: DGE (Hg.): *Begriffsbestimmung und Abgrenzung von Lebensmittel-Unverträglichkeiten.* Beratungspraxis 02/2004. URL: http://www.dge.de/modules.php?name=News&file=article&sid=408 [12.02.2007, 13:04 MEZ].

Seit 2001 spricht man nicht mehr von nicht-toxischen Reaktionen, sondern von Hypersensitivität. Laut Definition der EAACI führt eine "Hypersensitivität" zu objektiv reproduzierbaren Symptomen, die bei prädisponierten Patienten durch Exposition eines definierten Stimulus auftreten, der von Gesunden problemlos toleriert wird.[186]

Egal ob eine Hypersensitivität also allergisch oder nicht-allergisch ist, bedeutet sie eine individuelle Empfindlichkeit gegenüber bestimmten Stoffen. Im Gegensatz zu einer

186) vgl.: DGE (Hg.): *Begriffsbestimmung und Abgrenzung von Lebensmittel-Unverträglichkeiten.* Beratungspraxis 02/2004. URL: http://www.dge.de/modules.php?name=News&file=article&sid=408 [12.02.2007, 13:04 MEZ].

nicht-allergischen Lebensmittel-Hypersensitivität ist bei einer allergischen Reaktion ein immunologischer Mechanismus bewiesen bzw. sehr stark impliziert.[186] Da sich die Symptome allerdings ähneln, spricht man bei einer nicht-allergischen Hypersensitivität auch von einer Pseudoallergie.

Allergische Lebensmittel-Hypersensitivitäten bzw. Nahrungsmittelallergien treten mit 0,3 bis 2,4 % bei Erwachsenen und 1,3 bis 8 % bei Kindern vergleichsweise selten auf.[187] Bei Kindern treten Allergien vor allem in den ersten drei Lebensjahren auf, davon verschwinden aber 80 % wieder bis zum vierten Lebensjahr. Kinder sind eher gegen Grundnahrungsmittel wie Getreide, Kuhmilch oder Ei allergisch, Erwachsene dagegen leiden eher unter pollenassoziierten Nahrungsmittelallergien.[187] Die häufigsten Allergene sind dabei Haselnuss, Sellerie, Apfel und Karotte, gefolgt von Erdnuss und Soja.[186]

Nicht-allergische Lebensmittel-Hypersensitivitäten sind Reaktionen auf Zusatzstoffe, Salicyl- und Benzoesäure und Aromastoffe oder auch auf biogene Amine.[188]

4.4.2 Kennzeichnung von Zutaten, die Allergien auslösen können

Seit dem 25. November 2005 schreibt die EU vor, dass Lebensmittel, die allergische oder andere Unverträglichkeitsreaktionen auslösen können, immer im Produktnamen, in der Zutatenliste oder durch einen gesonderten Hinweis aufgeführt werden müssen, unabhängig von der enthaltenen Menge.[189]

Diese Regelung gilt für folgende 12 Zutaten:[190]

- Glutenhaltiges Getreide sowie daraus hergestellte Erzeugnisse
- Krebstiere und daraus hergestellte Erzeugnisse

---

187) vgl.: ERNÄHRUNGSBERATUNG RHEINLAND-PFALZ (Hg.): *Lebensmittelallergien - ein neues Volksleiden?* URL:http://www.am.rlp.de/Internet/global/startpage.nsf/start/Home_Ernaehrung?OpenDocument&ext_location=http://www.ernaehrungsberatung.rlp.de/Internet/global/themen.nsf/b88da5989d640fd2c1 2570350050d941/f83a7ef28d893717c1256faa00293ecc?OpenDocument [10.02.2007, 18:26 MEZ].

188) vgl.: DGE (Hg.): *Begriffsbestimmung und Abgrenzung von Lebensmittel-Unverträglichkeiten.* Beratungspraxis 02/2004. URL: http://www.dge.de/modules.php?name=News&file=article&sid=408 [12.02.07, 13:04 MEZ].

189) MASCHKOWSKI, Gesa: *Jetzt stehts drauf: Die neue Allergenkennzeichnung.* URL: http://www.innovations-report.de/html/berichte/medizin_gesundheit/bericht-51773.html [15.01.2007, 03:55 MEZ].

190) vgl.: BECK-TEXTE: *Lebensmittelrecht.* 2. Aufl. München: Deutscher Taschenbuch Verlag, 2005.

- Eier und daraus hergestellte Erzeugnisse
- Fisch und daraus hergestellte Erzeugnisse
- Erdnüsse und daraus hergestellte Erzeugnisse
- Soja und daraus hergestellte Erzeugnisse
- Milch und daraus hergestellte Erzeugnisse (einschließlich Laktose)
- Schalenfrüchte (Mandel, Haselnuss, Walnuss, Kaschunuss, Pecanuss, Paranuss, Pistazie, Macadamianuss und Queenslandnuss) und daraus hergestellte Erzeugnisse
- Sellerie und daraus hergestellte Erzeugnisse
- Senf und daraus hergestellte Erzeugnisse
- Sesamsamen und daraus hergestellte Erzeugnisse
- Schwefeldioxid und Sulfite in einer Konzentration von mehr als 10 mg/kg oder 10 mg/l

Diese neue Regelung ist eine enorme Erleichterung für alle Allergiker, allerdings ist noch nicht endgültig geklärt, wie mit unbeabsichtigten Beimischungen umgegangen werden soll.[191] Es wird überlegt, ob Schwellenwerte für Verunreinigungen eingeführt werden sollen, die dann bei Überschreitung gekennzeichnet werden müssen. Bis dahin wird man weiterhin auf vielen Verpackungen den Hinweis „kann Spuren von … enthalten“ finden, mit dem die Hersteller zwar sichergehen wollen, was aber oft nicht notwendig wäre.[191]

4.4.3 Clean Food im Handel

Clean Food bietet dem Handel enorme Chancen, sich von Discountern abzuheben. Wer „reine“ Lebensmittel geschickt positioniert, kann zudem eine sehr gute Kundenbindung erzielen. Allerdings bedeutet dies gleichzeitig einen nicht zu verachtenden Mehraufwand, da die Losgrößen kleiner sind und der höhere Verkaufspreis dem Kunden erst

---

191) MASCHKOWSKI, Gesa: *Jetzt stehts drauf: Die neue Allergenkennzeichnung.* URL: http://www.innovations-report.de/html/berichte/medizin_gesundheit/bericht-51773.html [15.01.2007, 03:55 MEZ].

kommuniziert werden muss.[192] Außerdem bleiben die Produkte oft lange im Regal liegen. Das SB-Warenhaus Hit plant deshalb beispielsweise ein spezielles Leitsystem für laktose- und glutenfreie Lebensmittel.[193]

Auch die Hersteller müssen zunächst Aufklärungsarbeit leisten. Die Firma FRoSTA ist einer der Vorreiter mit dem so genannten „FRoSTA-Reinheitsgebot". Seit 2003 werden alle FRoSTA-Produkte ohne Zusatzstoffe hergestellt, was zunächst hohe Umsatzeinbußen zur Folge hatte. Nach diesen Startschwierigkeiten ist es FRoSTA sehr erfolgreich gelungen, die Verbraucher über die Idee aufzuklären und ist seit Sommer 2004 in Deutschland wieder Marktführer von Tiefkühlfertiggerichten.[194] Neben solchen Produkten, bei denen generell auf beispielsweise Zusatzstoffe verzichtet wird, gibt es auch solche, die auf ganz bestimmte Unverträglichkeiten abzielen. Dies sind vor allem gluten- und laktosefreie Produkte:

- Glutenfreie Produkte

Schätzungsweise 400.000 Deutsche leiden unter einheimischer Sprue, also einer Unverträglichkeit gegenüber dem Klebereiweiß Gluten.[195] Diese glutensensitive Enteropathie scheint zu den nicht IgE-vermittelten allergischen Lebensmittel-Hypersensitivitäten (siehe dazu Abb. 18: Einteilung der Lebensmittel-Unverträglichkeiten zu gehören.[196] Der europäische Marktführer für glutenfreie Lebensmittel ist der italienische Spezialanbieter DS Food. Durch ihn werden in Deutschland seit 2004 glutenfreie Produkte nicht mehr ausschließlich in Reformhäusern oder über Direktversand sondern auch in Supermärkten vertrieben.[197] Die Produktpalette umfasst Nudeln, Brot, Süßes, Fertiggerichte,

192) WITTENHAGEN, Julia: *Essen mit Allergiepass.* In: Lebensmittel Zeitung Spezial Nr. 3, Jg. 11 (2006), S.42-43.

193) BÄR, Claudia: *Milch-Alternativen: Der Markt verlangt danach.* URL: http://www.lz-net.de/dossiers/aktuell/ pages/show.prl?id=2753&backid=1136 [12.02.2007, 16:43 MEZ].

194) FROSTA AG (Hg.): *Wie erfolgreich ist das FRoSTA-Reinheitsgebot?* URL: http://www.frosta.de/index2_faq _reinheitsgebot.html#5 [12.02.2007, 21:59 MEZ].

195) WITTENHAGEN, Julia: *Essen mit Allergiepass.* In: Lebensmittel Zeitung Spezial Nr. 3, Jg. 11 (2006), S.42-43.

196) vgl.: DGE (Hg.): *Begriffsbestimmung und Abgrenzung von Lebensmittel-Unverträglichkeiten.* Beratungspraxis 02/2004. URL: http://www.dge.de/modules.php?name=News&file=article&sid=408 [12.02.2007, 13:04 MEZ].

197) PÜTTHOFF, Ulrike: *Tiefkühlkost. Klassiker und Nischen.* In: Lebensmittel Praxis Nr. 20, Jg. 58 (2006), S.30-36.

Cerealien, Bier, Pizza, Teige und Mehle.[198] DS Food schätzt den Markt für glutenfreie Lebensmittel in Deutschland allein über Reformhäuser und Direktversand auf derzeit etwa 18 Millionen Euro jährlich und baut sein Sortiment pro Jahr um sieben bis acht TK-Innovationen aus.[199]

- Laktosefreie Produkte

In Deutschland leben ungefähr 12 Millionen Menschen, die unter einer Laktoseintoleranz leiden.[200] Der Markt für Laktosefreie Milchprodukte ist mit einem Umsatz von 11 Millionen Euro pro Jahr zwar noch relativ gering, allerdings hat sich der Umsatz im 1. Halbjahr 2006 verdoppelt.[201] Marktführer ist die Omira GmbH, die bereits vor vier Jahren die Innovation MinusL auf den Markt gebracht hat, eine Kuhmilch, in der die Laktose bereits gespalten ist und deshalb auch von Menschen mit Laktoseintoleranz zu sich genommen werden kann. Seit dem Markteintritt hat Omira sein MinusL-Sortiment enorm erweitert. Auch Firmen wie Arla oder die Molkerei Weihenstephan sind mit einem laktosefreien Frischkäse bzw. laktosefreier Milch auf dem Markt.[200]

Eine beliebte Alternative zu normaler Kuhmilch ist Sojamilch. Allein im Jahr 2005 ist der Gesamtmarkt von Sojaprodukten um 60 % gewachsen, was nur durch die Nachfrage auch anderer Konsumenten zustande kommen kann.[202] Soja entspricht auch dem Trend zu Health Food und ist vor allem für ältere Menschen eine gesunde Alternative zu Lebensmitteln tierischen Ursprungs, die kein Cholesterin enthält.

---

198) DS FOOD GMBH (Hg.): *DS Produkte.* URL: http://www.ds4you.com/de/ds-produkte/ [12.02.2007, 18:17 MEZ].

199) WITTENHAGEN, Julia: *Essen mit Allergiepass.* In: Lebensmittel Zeitung Spezial Nr. 3, Jg. 11 (2006), S.42-43.

200) WITTENHAGEN, Julia: *Essen mit Allergiepass.* In: Lebensmittel Zeitung Spezial Nr. 3, Jg. 11 (2006), S.42-43.

201) BÄR, Claudia: *Milch-Alternativen: Der Markt verlangt danach.* URL: http://www.lz-net.de/dossiers/aktuell/ pages/show.prl?id=2753&backid=1136 [12.02.2007, 16:43 MEZ].

202) WITTENHAGEN, Julia: *Essen mit Allergiepass.* In: Lebensmittel Zeitung Spezial Nr. 3, Jg. 11 (2006), S.42-43.

4.5 Premium Food und Cheap Basics

Untersuchungen zeigen, dass Premium- und Handelsmarken die beiden einzigen Wachstumssegmente im deutschen Lebensmittelmarkt sind und ihre Marktanteile in den letzten Jahren deutlich steigern konnten. Wie in der folgenden Abbildung dargestellt stieg der Anteil der Handelsmarken in den fünf Jahren von 1999 bis 2004 von 23,4 auf 33,4 %, der Anteil der Premium-Marken von 11,8 auf 12,3 %.[203]

Abb. 19: Marktentwicklung von Marken und Handelsmarken

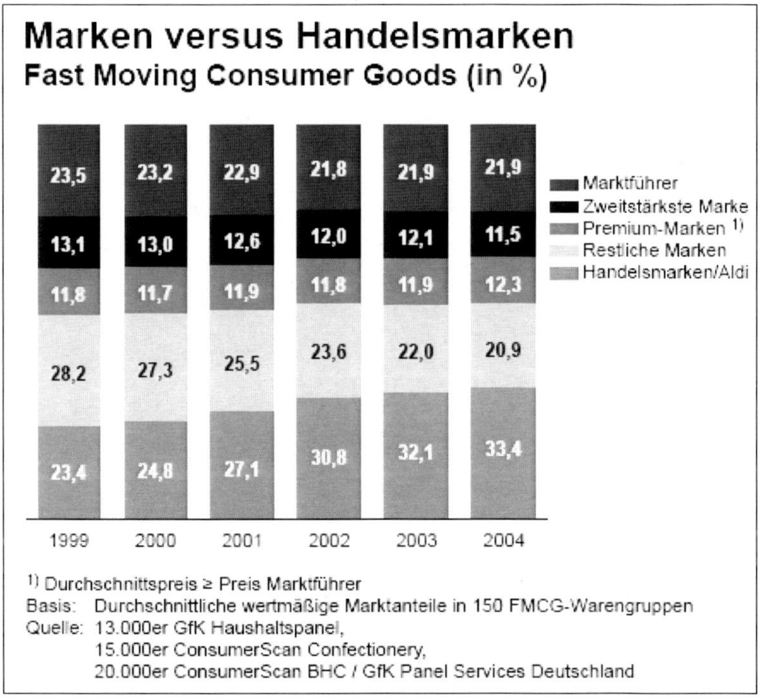

Quelle: o.N.: *Branchenspecial "Nahrung und Genuss"* [Online im Internet] URL:http://www.medialine.de/hps/client/medialn/mluser/obj_sign/WCKjs8gVYv3KfWaab0A3ruYja8bhUVje0XLGDGOIE636bn/medialn_article_maerkte/maerkte/food_U_beverage/branchenspecial/HXCMS_ARTICLE_1121.hbs [29.10.06, 18:09 MEZ].

203) o.N.: *Branchenspecial "Nahrung und Genuss"* [Online im Internet] URL: http://www.medialine.de/hps/client/medialn/mluser/obj_sign/WCKjs8gVYv3KfWaab0A3ruYja8bhUVje0XLGDGOIE636bn/medialn_article_ maerkte/maerkte/food_U_beverage/branchenspecial/HXCMS_ARTICLE_1121.hbs [29.10.2006, 18:09 MEZ].

Es findet also eine Polarisierung der Märkte statt. Das Niedrigpreissegment und der Premium-Bereich verzeichnen Zuwächse, während das mittlere Preissegment bzw. die klassischen Marken immer weniger nachgefragt werden. Dies wird auch als "Verlust der Mitte" bezeichnet.[204] Unter Premium-Produkten versteht man in diesem Zusammenhang qualitativ hochwertige Lebensmittel, die mindestens genauso teuer sind wie klassische Markenartikel. Was die „Qualität" ausmacht hängt dabei ganz vom Kunden ab. Es kann sich beispielsweise um die Herstellungsweise, die Exklusivität des Produkts oder auch das Prestige, das mit einem Lebensmittel verknüpft wird, handeln.

Dieses zunächst etwas widersprüchlich erscheinende Phänomen lässt sich durch das veränderte Qualitätsverständnis der Konsumenten erklären. Für den Verbraucher besteht heutzutage kein Qualitätsunterschied mehr zwischen Handelsmarken und den klassischen Marken.[205] Deshalb versorgt er sich mit möglichst billigen Grundnahrungsmitteln in einer gleich bleibenden Standardqualität und kann sich im Gegenzug den „Luxus im Kleinen" gönnen.[206] Der weist eine klar erkennbare höhere Qualität auf, was auch als „Exzellenz" bezeichnet wird.[205] Die folgende Abbildung stellt genau dieses veränderte Verständnis des Verbrauchers dar:

---

204) HERRMANN, Anja Karina: *Kaufverhalten bei Innovationen auf dem Lebensmittelmarkt.* 1. Aufl. Wiesbaden: Deutscher Universitäts-Verlag, 2003.

205) CARBONARO, Simonetta & VOTAVA, Christian: *Zukunftsstrategien für Lebensmittel. Wege zum Erfolg.* In: DLG e. V. (Hg.): *Genuss-Standort Deutschland. Zukunftsstrategien für Lebensmittel.* Frankfurt/Main: DLG Verlag, 2006, S.63-73.

206) QUECK, Matthias: *Das Premium-Paradox.* In: Lebensmittel Zeitung Spezial Nr. 3, Jg. 10 (2006), S.78-81.

Abb. 20: Verändertes Qualitätsverständnis des Verbrauchers

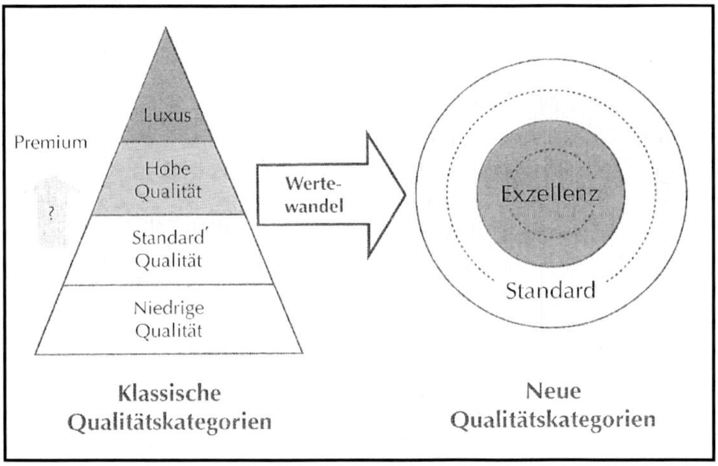

Quelle: CARBONARO, Simonetta & VOTAVA, Christian: *Zukunftsstrategien für Lebensmittel. Wege zum Erfolg.* In: DLG e. V. (Hg.): *Genuss-Standort Deutschland. Zukunftsstrategien für Lebensmittel.* Frankfurt/Main: DLG Verlag, 2006, S.68.

Für die Hersteller ergeben sich daraus, wenn sie den Qualitätsstandpunkt sowohl emotional als auch rational fassbar machen, neue Möglichkeiten. Dies gilt für alle Produktsegmente. Der Kunde möchte authentische Produkte, die, wenn sie teurer sind, auch einen echten Mehrwert bieten, also eine „reale Qualität".[207] Das gelingt vielen Marken bisher zu wenig, andere haben den Sprung ins Premiumsegment dagegen sehr gut vollzogen. So ist es beispielsweise Langnese Cremissimo gelungen, sich mit seiner emotionalisierten „Von Herzen"-Range im Premiumbereich zu positionieren. Dies war so erfolgreich, dass sogar die Erwartungen von Langnese selbst übertroffen wurden.[208]

4.5.1 Die neuen Genießer

Um den „Luxus im Kleinen", den man sich über Premium-Produkte gönnt, auch genießen zu können, bedarf es einer gewissen Genuss- und Differenzierungsfähigkeit.[209]

---

207) CARBONARO, Simonetta & VOTAVA, Christian: *Zukunftsstrategien für Lebensmittel. Wege zum Erfolg.* In: DLG e. V. (Hg.): *Genuss-Standort Deutschland. Zukunftsstrategien für Lebensmittel.* Frankfurt/Main: DLG Verlag, 2006, S.63-73.

208) O.N.: *Produkt des Jahres 2007.* Die Gewinner. In: Lebensmittel Praxis Nr. 23, Jg. 58 (2006), S.32.

209) RÜTZLER, Hanni: *Was essen wir morgen?* Wien: Springer Verlag, 2005.

Die so genannten sieben „Genussregeln“ zeigen auf, was wichtig ist, um Genießen zu können:[210]

- Genuss braucht Zeit
- Genuss muss erlaubt sein
- Genuss geht nicht nebenbei
- Wissen, was einem gut tut
- Weniger ist mehr
- Ohne Erfahrung kein Genuss
- Genuss ist alltäglich

Immer mehr Menschen in Deutschland zeigen heute die Bereitschaft, sich Wissen über das Essen und die damit verbundene Fähigkeit zum Genießen anzueignen.[211] Damit entwickelt sich das Kochen und Genießen hin zu einem Hobby und dient nicht mehr nur der alltäglichen Versorgung mit Essen. Diese neuen Genießer nehmen sich die Zeit, sich über die Lebensmittel die sie kaufen zu informieren und kochen leidenschaftlich gern. Sie besuchen Kochkurse, die mittlerweile von vielen Starköchen wie beispielsweise Dieter Müller in seinem Schlosshotel Lerbach angeboten werden.[212] Eine positive Begleiterscheinung dieser Entwicklungen ist, dass die Menschen beim Einkauf ihrer Lebensmittel wieder mehr auf Nachhaltigkeit achten. Ökologischer Landbau, artgerechte Tierhaltung und soziale Verträglichkeit gehören eben auch zum Genießen dazu.[213]

---

210) vgl.: BUCKENHÜSKES, Herbert: *„Genuss und Ernährung“.* In: DLG e. V. (Hg.): *Genuss-Standort Deutschland. Zukunftsstrategien für Lebensmittel.* Frankfurt/Main: DLG Verlag, 2006, S.49-60.

211) RÜTZLER, Hanni: *Was essen wir morgen?* Wien: Springer Verlag, 2005.

212) FICHTNER, Ulrich: *Der Klassenmampf.* In: Der Spiegel Nr. 44/2006, S.86-100.

213) BUCKENHÜSKES, Herbert: *„Genuss und Ernährung“.* In: DLG e. V. (Hg.): *Genuss-Standort Deutschland. Zukunftsstrategien für Lebensmittel.* Frankfurt/Main: DLG Verlag, 2006, S.49-60.

4.6 Bioprodukte

4.6.1 Rechtliche Grundlagen und Kennzeichnung

Rechtsgrundlage für ökologisch erzeugte Lebensmittel in Deutschland und Europa bildet die EG-Öko-Verordnung (EWG Nr. 2092/92) über den ökologischen Landbau und die entsprechende Kennzeichnung der landwirtschaftlichen Erzeugnisse und Lebensmittel.[214] Nach dieser Verordnung müssen bereits seit 1992 Lebensmittel aus ökologischem Anbau festgelegten Standards genügen.[215] Bei der Herstellung dieser Lebensmittel gelten folgende Auflagen:[216]

- Verzicht auf Wachstumsförderer und gentechnisch veränderte Organismen
- Verzicht auf die Verfütterung von Tiermehl
- Verzicht auf den Einsatz von Bestrahlung
- Bekämpfung von Pflanzenschädlingen und -krankheiten ohne chemisch-synthetische Mittel
- Verzicht auf mineralischen Stickstoffdünger
- Verwendung von geeigneten Fruchtfolgen und organischem Dünger
- artgerechte Tierhaltung
- Behandlung kranker Tiere mit pflanzlichen bzw. homöopathischen Medikamenten

Im Jahr 2001 wurde das Bio-Siegel in Deutschland eingeführt, um die bis dahin sehr unterschiedliche Kennzeichnung zu vereinheitlichen. Die damit gekennzeichneten Produkte werden nach den Vorschriften der EG-Öko-Verordnung produziert und kontrolliert. Die Anforderungen für die Vergabe dieses Siegels und auch die Regelungen bei

---

214) BECK-TEXTE: *Lebensmittelrecht*. 2. Aufl. München: Deutscher Taschenbuch Verlag, 2005.

215) O.N.: *Garantiert Bio: EU setzt klare Regeln für den Öko-Landbau.* In: foodline Ausgabe vom 27.10.06. URL: http://www.food-monitor.de/foodline-infoletter/foodline-aktuell7.htm [27.11.2006, 17:13 MEZ].

216) vgl.: O.N.: *Garantiert Bio: EU setzt klare Regeln für den Öko-Landbau.* In: foodline Ausgabe vom 27.10.06. URL: http://www.food-monitor.de/foodline-infoletter/foodline-aktuell7.htm [27.11.2006, 17:13 MEZ].

Missbrauch sind im Öko-Kennzeichnungsgesetz geregelt.[217] Bis Ende Dezember 2006 hatten bereits 1.868 Unternehmen insgesamt 35.405 Produkte mit dem Bio-Siegel auszeichnen lassen.[218]

Zusätzlich gibt es in Deutschland immer noch zahlreiche weitere Gütesiegel, die von seit langem anerkannten Anbauverbänden wie Bioland, Naturland oder Demeter vergeben werden. Dafür müssen die Lebensmittel meist strengeren Vorgaben genügen.[219]

4.6.2 Marktentwicklung

Nachdem der Umsatz mit Bio-Lebensmitteln im Jahr 2001 infolge der BSE-Krise einen enormen Umsatzsprung von über 30 % gemacht hatte, ging das Wachstum in den beiden Folgejahren aufgrund von Nitrofen-Funden in ökologisch erzeugten Futtermitteln im Mai 2002 etwas zurück.[220] Seit 2003 wächst der Umsatz mit Bio-Lebensmitteln jährlich wieder im zweistelligen Bereich. Für 2006 wird eine weitere Steigerung des Umsatzes von 3,9 Milliarden Euro im Jahr 2005 auf 4,5 Milliarden Euro erwartet.[221] An diesem Wachstum sind relativ neue Vertriebswege für Bio-Lebensmittel maßgeblich beteiligt, speziell Bio-Supermärkte und Discounter.[222] Vor allem die auf den Verkauf von Bio spezialisierten Supermärkte verzeichneten im 1. Quartal 2006 ein Umsatzwachstum von 20,3 %. Experten schätzen die Zahl der Filialen für das Jahr 2007 bereits

---

217) BUNDESANSTALT FÜR LANDWIRSCHAFT UND ERNÄHRUNG (Hg.): *Auf einen Blick: Informationen zum Bio-Siegel.* Bonn: Landwirtschaftsverlag, 2005.

218) BUNDESANSTALT FÜR LANDWIRTSCHAFT UND ERNÄHRUNG (Hg.): *Marktimplementierung des Bio-Siegels. Monatsbericht Dezember 2006.* [Online im Internet] URL: http://www.oekolandbau.de/fileadmin/redaktion /dokumente/service/Monatsbericht_12-2006_1.pdf [19.01.2007, 22:39 MEZ].

219) ALTHOETMAR, Kai: *Biolebensmittel: Märkte, Preise, Gütesiegel.* URL: http://www.wdr.de/tv/markt/service /berichte/20061016_1.phtml [27.10.2006, 21:43 MEZ].

220) KLIEBISCH, Christoph & LÖSER, Rainer: *Öko-Produkte: Der schwierige Weg aus der Krise.* In: LEYRER, Hans-Joachim; STRECKER, Otto & ELLES, Anselm: *Erfolgsstrategien für Lebensmittel.* 1. Auflage. Frankfurt am Main: DLG Verlag, 2004, S.104-112.

221) RIPPIN, Markus: *Öko-Landbau. Wachstumstempo bleibt hoch.* In: *ZMP-Jahresbericht 2006/2007.* [Online im Internet] URL: http://www.zmp.de/info/jahresbericht.asp [27.01.2007, 12:14 MEZ].

222) MICHELS, Paul: *Verbrauchertrend Bio. Wachstumsmarkt mit Perspektiven.* In: DLG e. V. (Hg.): *Genuss-Standort Deutschland. Zukunftsstrategien für Lebensmittel.* Frankfurt/Main: DLG Verlag, 2006, S.105-114.

auf 350.[223] Die größten Anbieter in diesem Bereich sind Alnatura, Bio Family und Basic.[224]

Abb. 21: Umsatzentwicklung von Bio-Lebensmitteln 2001 - 2006

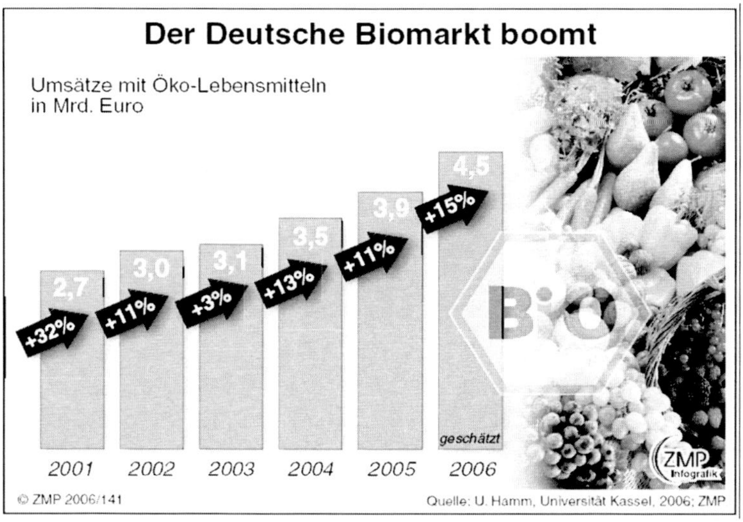

Quelle: ZMP (Hg.): *Der Deutsche Biomarkt boomt.* Aktuelle Marktgrafik: 16.10.2006 [Online im Internet] URL: http://www.zmp.de/presse/agrarwoche/marktgrafik/grafik_2006_42.asp [13.11.2006, 14:45 MEZ].

Branchenexperten gehen für die nächsten Jahre von einem weiteren Umsatzwachstum mit Biolebensmitteln im zweistelligen Bereich aus und schätzen daher das Marktvolumen von Biolebensmitteln in Deutschland für das Jahr 2010 auf 6,4 Milliarden Euro.[225]

4.6.3 Chancen und Risiken

Viele Verbraucher kaufen gerne biologisch erzeugte Lebensmittel. Sie schätzen an ihnen, dass sie gesünder für sich und ihre Kinder sind, eine bessere Umweltverträglichkeit aufweisen und für eine tiergerechte Haltung stehen.[226] Durch das Angebot von Biole-

---

223) WILL, Birgit: *Supermärkte: Bio für Alle.* URL: http://www.lz-net.de/dossiers/sortimente/pages/show.prl?id =1873&backid=1793 [27.09.2006, 17:28 MEZ].
224) EHI (Hg.): *Handel aktuell. Struktur, Kennzahlen und Profile des deutschen und internationalen Handels – Ausgabe 2006/2007.* Köln: EHI Verlag, 2006.
225) O.N.: *Zahl der Woche.* In: Allgemeine Hotel- und Gaststättenzeitung Nr. 45, Jg. 106 (2006), S.9.
226) AC NIELSEN (Hg.): *Trend Navigator „Bio“.* [Online im Internet] URL: http://www.acnielsen.de/pubs /documents/ACNielsen_TrendNavigator_Bio.pdf [15.11.2006, 18:02 MEZ].

bensmitteln auch bei Discountern und in Bio-Supermärkten, konnte die Verfügbarkeit für den Verbraucher stark verbessert werden. Dazu kommt, dass Biolebensmittel mittlerweile billiger geworden sind, obwohl der Aufpreis gegenüber konventioneller Ware je nach Produktgruppe immer noch bei 5 – 50 % liegt.[227]

Auch wenn Biolebensmittel im Einkauf teurer sind als konventionelle Lebensmittel, bietet sich für den Handel die Chance, höhere Margen mit Bio erzielen zu können und das Qualitätsbewusstsein der Verbraucher zu stärken. Gewinner sind momentan die Discounter, da sie ihre konventionellen Strategien auf Biolebensmittel übertragen. Dies zeigt sich zum Beispiel daran, dass über große Einkaufsmengen und kleine Preise für den Endverbraucher große Mengen umsetzt werden.[228] Allerdings geraten andere Anbieter, die nicht investieren und ihre Sortimente anpassen, zunehmend unter Druck. Dazu gehören auch Reformhäuser, die jahrelang Pionierarbeit geleistet haben und nun der Konkurrenz oft nicht mehr gewachsen sind.[229]

Problematisch ist auch, dass es durch die hohe Nachfrage seit 2005 zu Lieferengpässen kommt.[230] Die Umstellung auf ökologischen Landbau dauert zwei Jahre und die staatliche Förderung dafür ist mit dem Regierungswechsel gekürzt worden.[231] Deshalb kommt für viele Bauern eine Umstellung nicht in Frage und der Bedarf muss über das Ausland gedeckt werden. Herkunftsländer bzw. -regionen sind unter anderem Polen und Bulgarien, aber auch Südamerika und Afrika.[231] Die damit verbundenen langen Transportwege bergen die Gefahr, dass der Verbraucher den Zusatznutzen der Biolebensmittel in Bezug auf Umweltschutz, artgerechte Tierhaltung, Landschaftspflege und Förderung der regionalen Wirtschaft nicht mehr anerkennt.[232] Deshalb werden im Lebensmitteleinzelhandel immer öfter Regionalität und biologische Erzeugung zusammengebracht und

---

227) o.N.: *Preisspirale beginnt sich auch bei Bio zu drehen.* URL: http://www.food-monitor.de/foodline-infoletter /2006/Oktober/06-10-foodline-aktuell8.htm [20.02.2007, 21:16 MEZ].

228) o.N.: *Preisspirale beginnt sich auch bei Bio zu drehen.* URL: http://www.food-monitor.de/foodline-infoletter /2006/Oktober/06-10-foodline-aktuell8.htm [20.02.2007, 21:16 MEZ].

229) Fründt, Steffen: *Frust in der Öko-Nische.* URL: http://www.welt.de/data/2006/11/09/1098741.html?prx=1 [09.11.2006, 15:18 MEZ].

230) Will, Birgit: *Verknappung: Kampf um Rohstoffe.* URL: http://www.lz-net.de/dossiers/sortimente/pages/show. prl?id=2893&backid=1793 [28.12.2006, 19:37 MEZ].

231) Groth, Svenja & Pirich, Carolin: *Die Öko-Falle.* In: Süddeutsche Zeitung Nr. 30, Jg. 63 (2007). S.38.

232) vgl.: Brand, Karl-Werner: *Von der Agrarwende zur Konsumwende? Effekte der Ausweitung des Bio-Markts entlang der Wertschöpfungskette.* In: Ernährungs-Umschau Nr. 7, Jg. 53 (2006), S.267-271.

direkt beworben. Vorreiter dieser Idee sind Tegut und Feneberg, aber auch Edeka hat sich zu dieser Strategie entschlossen.[233] Für den Verbraucher ist dies auf jeden Fall ein Gewinn. Für Supermärkte bietet sich dadurch eine weitere Chance gegenüber Discountern bestehen zu können.

4.7 Ethic Food

4.7.1 Merkmale von Ethic Food

Ethic Food sind umweltschonend und politisch korrekt erzeugte und gesundheitlich unbedenkliche Lebensmittel. Verbraucher, die diese Lebensmittel nachfragen, sind kritisch und interessieren sich für die Herkunft der Produkte.[234] Für sie ist Nachhaltigkeit in der Lebensmittelproduktion von großer Bedeutung und sind daher bereit, höhere Preise zu bezahlen. Bei Ethic Food geht es vor allem um die Menschen, die die Lebensmittel herstellen. Folgende Merkmale sind daher wichtig:

- Zahlung von Mindestpreisen und Prämien an die Hersteller
- Dauerhafte Einkommenssicherung durch langfristige Lieferverträge mit den Herstellern
- Erhaltung der Lebensgrundlage der Menschen durch ressourcen- und umweltschonende Produktion
- Einhaltung der Menschenrechte
- Keine Kinderarbeit oder Zwangsarbeit

Auch der Umgang mit Tieren und der Umwelt spielt bei Ethic Food eine bedeutende Rolle. Haltung und Transport müssen tiergerecht sein und die Umwelt darf nicht durch die Lebensmittelproduktion Schaden nehmen.[235] Ein gutes Beispiel für den Unterschied zu konventionellen Lebensmitteln bietet der Fischfang: So sterben beim industriellen Fischfang auch immer andere Meeresbewohner als so genannter Beifang. Als Ethic Food kann hier Fisch bezeichnet werden, der ressourcenschonend, das heißt unter Ge-

233) WILL, Birgit: *Bio-Produkte: Mehrwert für den Mainstream.* URL: http://www.lz-net.de/dossiers/sortimente /pages/show.prl?id=2636&backid=1793 [27.09.2006, 17:35 MEZ].
234) RÜTZLER, Hanni: *Was essen wir morgen?* Wien: Springer Verlag, 2005.
235) RÜTZLER, Hanni: *Was essen wir morgen?* Wien: Springer Verlag, 2005.

währleistung einer langfristigen Fischversorgung, gefangen wurde. Fisch der so gefangen wurde, wird mit dem MSC-Siegel gekennzeichnet.[236] Da die weltweite Überfischung ungebrochen voranschreitet, gewinnt dieses Siegel zunehmend an Bedeutung. Immer mehr Firmen bringen Produkte mit dem MSC-Zeichen auf den Markt, dazu gehören beispielsweise Frosta und Iglo. Die berühmten Käpt´n Iglo Fischstäbchen sind bereits seit dem Sommer 2005 mit dem Siegel gekennzeichnet.[237]

4.7.2 Entwicklung des Fairen Handels

Nach der Definition der FINE (internationale Vereinigung der Dachorganisationen des Fairen Handels) ist fairer Handel eine „Handelspartnerschaft, die auf Dialog, Transparenz und Respekt beruht und nach mehr Gerechtigkeit im internationalen Handel strebt. Durch bessere Handelsbedingungen und die Sicherung sozialer Rechte für benachteiligte ProduzentenInnen und ArbeiterInnen - insbesondere in den Ländern des Südens - leistet der Faire Handel einen Beitrag zu nachhaltiger Entwicklung.“[238]

Fair gehandelte Lebensmittel findet man mittlerweile nicht mehr nur in Weltläden oder im Naturkosthandel sondern auch in fast allen Supermärkten. Insgesamt gab es im Jahr 2005 27.000 Verkaufsstellen für fair gehandelte Produkte.[239]

Allerdings gibt es für diese Lebensmittel eine Vielzahl von Siegeln, wodurch für den Verbraucher nicht immer durchschaubar war, unter welchen Bedingungen die Produkte nun hergestellt wurden. Seit der Gründung des gemeinnützigen Verein TransFair 1992 gibt es aber eine einfache Möglichkeit, fair gehandelte Produkte zu erkennen. Ziel von TransFair ist es, benachteiligte afrikanische, asiatische und lateinamerikanische Produzenten zu fördern und ihnen so zu besseren Lebens- und Arbeitsbedingungen zu verhelfen.[240] Die Produzenten erhalten Mindestpreise für ihre Ware und die Verarbeitung

---

236) RÜDIGER, Jörg: *Nachhaltige Fischerei wird zum Erfolgsprodukt.* In: tk-report Nr. 5, Jg. 34 (2006), S. 18-19.
237) RÜDIGER, Jörg: *Nachhaltige Fischerei wird zum Erfolgsprodukt.* In: tk-report Nr. 5, Jg. 34 (2006), S. 18-19.
238) FORUM FAIRER HANDEL (Hg.): *Die Definition des fairen Handels.* URL: http://www.forum-fairer-handel.de/ [07.02.2007, 12:04 MEZ].
239) EDLER, Antje: *Zahlen & Fakten zum Fairen Handel in Deutschland 2005.* [Online im Internet] URL: http:// www.forum-fairer-handel.de/downloadc/61108_zahlen%20fairer%20Handel.pdf [07.02.07, 12:24 MEZ].
240) TRANSFAIR (Hg.): *Wer sind wir?* URL: http://www.transfair.org/ueber_transfair/wer_sind_wir/index.php [30.01.07, 15:29 MEZ].

wenn sie die streng kontrollierten Kriterien im Sozial- und Umweltbereich erfüllen. Ein Teil des Geldes ist eine zweckgebundene Prämie, die für die Trinkwasserversorgung, den Bau von Unterkünften, medizinischen Einrichtungen oder Schulen in der Umgebung bestimmt ist.[241]

Die Kennzeichnung der auf diese Weise hergestellten Produkte geschieht durch die Vergabe des Fairtrade-Logos. Diese Produkte werden zu festgelegten fairen Bedingungen gehandelt. Im Jahr 2003 wurde das alte TransFair-Logo in Deutschland durch das internationale Fairtrade-Logo ersetzt.[242] Damit ist die Kennzeichnung international angepasst.

Abb. 22: Das neue Fairtrade-Logo und das alte TransFair-Logo

Quelle: TRANSFAIR (Hg.): *Wer sind wir?* URL:http://www.transfair.org/ueber_transfair/wer_sind_wir/index.php [30.01.07, 15:29 MEZ].

Für die Vergabe des Fairtrade Gütezeichens ist die Fairtrade Labelling Organisation International (FLO) verantwortlich.

Im Jahr 2005 wurden in Deutschland 121 Millionen Euro mit fair gehandelten Produkten umgesetzt. Dies entspricht einer Steigerung von 22 % gegenüber dem Vorjahr.[243] Für das Jahr 2006 werden Wachstumsraten von 15 bis 25 % vermeldet.[244]

---

241) vgl.: RÜTZLER, Hanni: *Was essen wir morgen?* Wien: Springer Verlag, 2005, S.98.

242) TRANSFAIR (Hg.): *Wer sind wir?* URL: http://www.transfair.org/ueber_transfair/wer_sind_wir/index.php [30.01.07, 15:29 MEZ].

243) FORUM FAIRER HANDEL (Hg.): *Aktuelle Zahlen zum Fairen Handel.* URL: http://www.forum-fairer-handel.de/ [07.02.2007, 12:15 MEZ].

244) ZYBER, Erik: *Sieben Siegel. Immer öfter kaufen Verbraucher fair gehandelte Produkte.* URL: http://zeus. zeit.de/text/online/2006/47/Fairer-Handel [24.11.2006, 11:31 MEZ].

Abb. 23: Gesamtabsatz fair gehandelter Produkte in Deutschland (2003 – 2005)

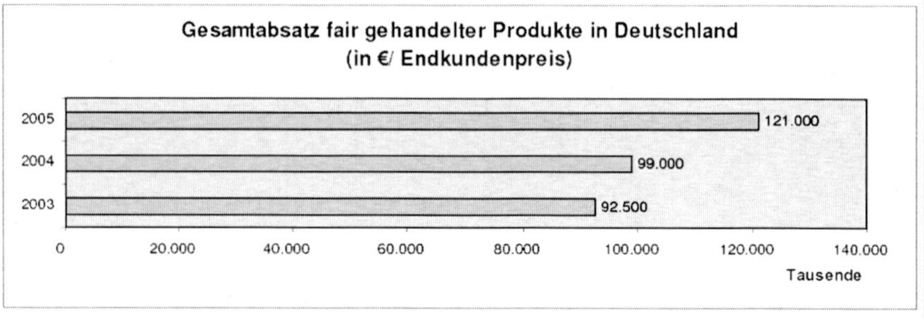

Quelle: EDLER, Antje: *Zahlen & Fakten zum Fairen Handel in Deutschland 2005.* [Online im Internet] URL: http:// www.forum-fairer-handel.de/downloadc/61108_zahlen%20fairer%20Handel.pdf [07.02.2007, 12:24 MEZ].

Was die absoluten Absatzzahlen angeht, liegt Deutschland im internationalen Vergleich noch zurück, aber die Zuwachszahlen machen Deutschland zum weltweit dynamischsten Wachstumsmarkt.[245]

Allerdings ist bei diesen Zahlen zu beachten, dass es sich bei den fair gehandelten Produkten nur zu 86 % um Lebensmittel handelt.[246] Beim Gesamtabsatz fair gehandelter Produkte ist das komplette Produktsortiment enthalten. Dazu gehören beispielsweise Gewürze, Getreide, Zucker, Schmuck, Geschirr, Kunsthandwerk, Textilien oder auch Musikinstrumente.[247] Die Produktpalette der fairtrade-gesiegelten Produkte umfasst vor allem Lebensmittel wie Kaffee, Tee, Süßigkeiten, Kakao, Honig, Bananen, Fruchtsaft, Reis und Wein, aber auch andere Artikel wie Blumen und Sportbälle sind enthalten.[248]

---

245) CHWALLEK, Andreas: *Fairtrade erreicht neue Dimension.* In: Lebensmittel Zeitung Nr. 40, Jg. 58 (2006), S.12.

246) EDLER, Antje: *Zahlen & Fakten zum Fairen Handel in Deutschland 2005.* [Online im Internet] URL: http:// www.forum-fairer-handel.de/downloadc/61108_zahlen%20fairer%20Handel.pdf [07.02.2007, 12:24 MEZ].

247) EDLER, Antje: *Zahlen & Fakten zum Fairen Handel in Deutschland 2005.* [Online im Internet] URL: http:// www.forum-fairer-handel.de/downloadc/61108_zahlen%20fairer%20Handel.pdf [07.02.2007, 12:24 MEZ].

248) EDLER, Antje: *Zahlen & Fakten zum Fairen Handel in Deutschland 2005.* [Online im Internet] URL: http:// www.forum-fairer-handel.de/downloadc/61108_zahlen%20fairer%20Handel.pdf [07.02.2007, 12:24 MEZ].

Abb. 24: Absatz Fairtrade-gesiegelter Produkte (2004 & 2005)

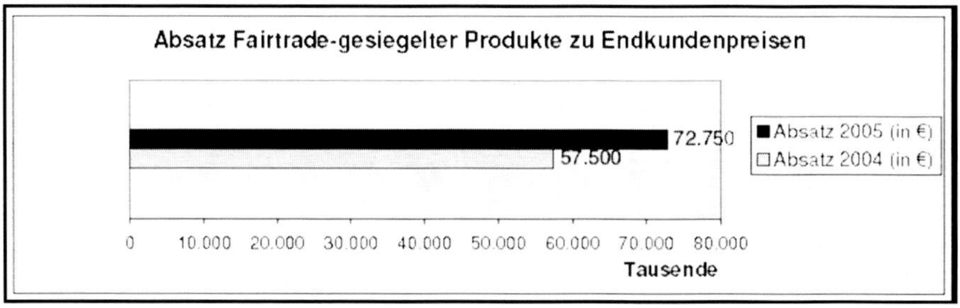

Quelle: EDLER, Antje: *Zahlen & Fakten zum Fairen Handel in Deutschland 2005.* [Online im Internet] URL: http:// www.forum-fairer-handel.de/downloadc/61108_zahlen%20fairer%20Handel.pdf [07.02.2007, 12:24 MEZ].

Für dieses enorme Wachstum sind sicherlich auch die Handelsunternehmen, die in den letzten Jahren verstärkt fair gehandelte Lebensmittel in ihr Sortiment aufgenommen haben, allen voran Lidl mit seiner Eigenmarke „Fairglobe", verantwortlich.[249] Dazu kommt die bundesweite Aktionswoche „Faire Woche 2006" und die Informationskampagne „Fair Feels Good", die vom Bundesministerium für wirtschaftliche Zusammenarbeit und Entwicklung gefördert wird.[250]

4.7.3 Der Lohas Lifestyle

Dass fair gehandelte Lebensmittel, Bio-Produkte und die Ideen von Slow Food endgültig ihre Nischen verlassen haben, zeigen die so genannten "Lohas". Lohas steht für "Lifestyle of health and sustainability" und bedeutet übersetzt soviel wie "Ausrichtung der Lebensweise auf Gesundheit und Nachhaltigkeit".[251] Nach Schätzungen von Werner Schulz, Professor für Umweltmarketing an der Uni Hohenheim, lebt in Deutschland mehr als ein Drittel der erwachsenen Bevölkerung nach diesem Lebensentwurf.[252] Berühmte Vertreter der internationalen Bewegung sind beispielsweise Cameron Diaz, Le-

---

249) CHWALLEK, Andreas: *Fairtrade erreicht neue Dimension.* In: Lebensmittel Zeitung Nr. 40, Jg. 58 (2006), S.12.

250) "FAIR FEELS GOOD." (Hg.): *fair feels good. Eine Informationskampagne zum fairen Handel.* URL: http:// www.fair-feels-good.de/fairer-handel.php/cat/1/title/Home [07.02.2007, 15:24 MEZ].

251) O.N.: *Willkommen bei Lohas.* URL: http://www.lohas.de/content/view/6/87/ [30.01.2007, 16:04 MEZ].

252) ETSCHELT, Georg: *Kind aus Afrika, Obst aus Neuseeland.* URL: http://www.sueddeutsche.de//kultur/artikel /105/90015/article.html [04.12.2006, 10:21 MEZ].

onardo DiCaprio und Julia Roberts.[253] Auch in Deutschland gibt es viele bekannte Persönlichkeiten die sich für „grüne Projekte" einsetzten. Franziska van Almsick beispielsweise hat die Schirmherrschaft für die Informationskampagne „Fair Feels Good" übernommen.[254]

Lohas legen Wert auf ein angenehmes, gesundes Leben im Einklang mit der Umwelt, Natur und sozialen Standards. Dabei darf der Spaß am Konsum nicht zu kurz kommen, allerdings möchte man dabei ein gutes Gewissen haben können.[255] Der typische Loha kauft seine Lebensmittel im Bio-Supermarkt, die nichts mehr mit dem angestaubten Image von Naturkostläden gemein haben. Das ist auch das neue an dieser Lebenseinstellung: Positives Denken, kein Verzicht sondern Genuss.[256] Früher standen eher Fragen des Umweltschutzes, der Tierhaltung und des fairen Handels im Vordergrund und der persönliche Genuss im Hintergrund. Für Lohas dagegen stehen Genuss, Gesundheit und ein gutes Gewissen an erster Stelle. Dies zeigt sich auch daran, dass immer mehr fair gehandelte Produkte das Bio-Siegel tragen. 64 % der fairtrade-zertifizierten Lebensmittel sind gleichzeitig biologisch zertifiziert, mit steigender Tendenz.[257] Auch die Trends zu Wellness und Premium Produkten findet sich in diesem Lebensstil wieder.

4.8 Regionalität

Zu wissen woher die Lebensmittel kommen ist für 86 % der Deutschen sehr wichtig bis wichtig. Über 70 % bevorzugen deutsche Lebensmittel und über 6 % geben an, besonders auf Regionalität zu achten.[258] In den letzten Jahren lässt sich ein stetiges Wachstum der Nachfrage nach diesen Produkten verzeichnen. Verantwortlich für diesen Trend ist vor allem der Wunsch der Verbraucher nach Transparenz und einer gewissen Qualitäts-

253) GREVE, Bettina: *Öko-Engagement. Grüner Glamour.* URL: http://www.stern.de/lifestyle/leute/576460.html? nv=cb [15.11.2006, 15:52 MEZ].
254) "FAIR FEELS GOOD." (Hg.): *fair feels good. Eine Informationskampagne zum fairen Handel.* URL: http:// www.fair-feels-good.de/fairer-handel.php/cat/1/title/Home [07.02.2007, 15:24 MEZ].
255) vgl.: ETSCHELT, Georg: *Kind aus Afrika, Obst aus Neuseeland.* URL: http://www.sueddeutsche.de//kultur/artikel /105/90015/article.html [04.12.2006, 10:21 MEZ].
256) ETSCHELT, Georg: *Kind aus Afrika, Obst aus Neuseeland.* URL: http://www.sueddeutsche.de//kultur/artikel/ 105/90015/article.html [04.12.2006, 10:21 MEZ].
257) EDLER, Antje: *Zahlen & Fakten zum Fairen Handel in Deutschland 2005.* [Online im Internet] URL: http:// www.forum-fairer-handel.de/downloadc/61108_zahlen%20fairer%20Handel.pdf [07.02.2007, 12:24 MEZ].
258) CMA (Hg.): *Heimische Lebensmittel kommen an.* In: Blickpunkt Agrar, Ausgabe 1/2006, S.2-3. [Online im Internet] URL: http://www.food-monitor.de/docs-frei/medien/blickpunkt-agrar/BP-Agrar-01-06.pdf [03.11.2006, 13:04 MEZ].

garantie.[259] Auch der Handel hat diesen Trend erkannt. So bringt beispielsweise Edeka Südwest eine regionale Eigenmarke unter dem Namen „Unsere Heimat – echt & gut" auf den Markt. Unter dieser Marke werden zukünftig Produkte aus dem Südwesten Deutschlands verkauft.[260]

4.8.1 Definition regionale Lebensmittel

Regionale Lebensmittel sind solche, „deren Herkunft geographisch verortet - und von den Verbrauchern erkannt - werden kann."[261] Eine eindeutige regionale Zuordnung ist allerdings häufig durch die komplexe Zusammensetzung der Lebensmittel nicht möglich. Daher versteht man unter regionalen Lebensmitteln oft lokal produzierte und vermarktete Lebensmittel, die dadurch eine eigene Identität erhalten.[261]

Im weitesten Sinn können auch deutsche Produkte zu den regionalen Lebensmitteln gezählt werden, wenn es sich dabei um eine konkrete Auslobung des Standorts Deutschland handelt.

Je nachdem wie regionale Lebensmittel vermarktet werden unterscheidet man:[261]

- Regionale Spezialitäten, die überregional, möglicherweise sogar weltweit vermarktet werden.
- Lebensmittel „aus der Region, für die Region", die nur in und um die Herstellerregion herum vermarktet werden.

Einen überdurchschnittlich hohen Anteil regionaler Produkte findet man in den Warengruppen Brot und Backwaren, Bier und alkoholfreie Getränke, Fleisch und Fleischerzeugnisse und Milch und Milchprodukte. Bei diesen Lebensmitteln spielen Aspekte wie Frische, Vertrauen und Sicherheit eine besonders große Rolle.[261]

Eng verknüpft mit der Regionalität von Lebensmitteln ist die Saisonalität. Durch die Errungenschaften der Lebensmittelindustrie und ihren verschiedenen Konservierungs-

---

259) O.N.: *Ernährung 2007 – die Zukunftstrends*. URL: http://www.food-monitor.de/foodline-infoletter/2006/Dezember/06-12-foodline-aktuell11.htm [28.12.2006, 20:05 MEZ].

260) EDEKA SÜDWEST (Hg.): *Es gibt viele Möglichkeiten, die Heimat zu erkunden. Jetzt sogar auf Ihrem Tisch.* URL: http://www.unsereheimat.de/ [06.02.2007, 17:57 MEZ].

261) MEYER, Rolf & SAUTER, Arnold: *Regionalität von Nahrungsmitteln in Zeiten der Globalisierung.* Berichte des Büros für Technikfolgen-Abschätzung beim Deutschen Bundestag (TAB). Frankfurt/Main: Deutscher Fachverlag, 2004.

möglichkeiten und der globalen Beschaffung unserer Nahrungsmittel ist es mittlerweite möglich, unsere Speisepläne völlig unabhängig von Jahreszeiten zu gestalten. Diese Überwindung des Klimas ist schon immer ein wichtiges Ziel bei der Versorgung mit Lebensmitteln gewesen.[262]

4.8.2 Zusatznutzen von regionalen Lebensmitteln

Regionale Lebensmittel bieten dem Verbraucher einen Zusatznutzen. Dieser wird allerdings nicht automatisch vom Käufer wahrgenommen. Besonders Erfolg versprechend ist die Entwicklung regionaler Produkte zu regionalen Spezialitäten mit geschützter Herkunftsangabe. So kann die Vermarktung nicht nur auf eine Region beschränkt bleiben und der regionale Zusatznutzen bleibt erhalten.[263] Für den Lebensmitteleinzelhandel sind regionale Produkte eine Profilierungsmöglichkeit gegenüber dem Discounter. Werden solche Lebensmittel angeboten, vermittelt das dem Kunden Verbundenheit mit der Heimat und der Region. Dazu kommt, dass viele Verbraucher höhere Preise für regionale Lebensmittel akzeptieren.[264]

4.8.3 Beispiel für erfolgreiche regionale Vermarktung

Die übliche Vermarktungsform für regionale Lebensmittel ist die Direktvermarktung und der Absatz über Gastronomie und andere Großverbraucher. Eine Erweiterung der regionalen Nahrungsmittelversorgung ist allerdings nur über den Lebensmitteleinzelhandel möglich.[265] Da aufgrund fehlender statistischer Daten der genaue Anteil an regi-

---

262) MONTANARI, Massimo: *Der Hunger und der Überfluss. Kulturgeschichte der Ernährung in Europa.* Deutsche Übersetzung. München: C. H. Beck Verlag, 1993.

263) MEYER, Rolf & SAUTER, Arnold: *Regionalität von Nahrungsmitteln in Zeiten der Globalisierung.* Berichte des Büros für Technikfolgen-Abschätzung beim Deutschen Bundestag (TAB). Frankfurt/Main: Deutscher Fachverlag, 2004.

264) SCHEPER, Uwe: *Studie untersucht Einkaufsverhalten.* In: aid infodienst, aid-Presseinfo Nr. 43/06 vom 25.10.06. URL: http://www.talkingfood.de/presse/presseschau/TITEL-Studie_untersucht_Einkaufsverhalten,3657.html [02.11.2006, 10:47 MEZ].

265) MEYER, Rolf & SAUTER, Arnold: *Regionalität von Nahrungsmitteln in Zeiten der Globalisierung.* Berichte des Büros für Technikfolgen-Abschätzung beim Deutschen Bundestag (TAB). Frankfurt/Main: Deutscher Fachverlag, 2004.

onalen Lebensmitteln am gesamten Angebot unbekannt ist,[266] wird im Folgenden auf eine erfolgreiche Kooperation aus dem Süden Deutschlands eingegangen.

Kooperationen stellen eine Professionalisierung, Standardisierung und Anpassung an die Strukturen des Lebensmitteleinzelhandels dar.[267] Ein Beispiel für solch einen Erfolg ist das Netzwerk "UNSER LAND". In acht Solidargemeinschaften rund um München wird eine vielfältige Auswahl an Lebensmitteln des täglichen Bedarfs angeboten. Dabei wird darauf geachtet, dass die Wege bis zum Verbraucher nachvollziehbar sind und die Erzeuger angemessen entlohnt werden. Dies stärkt zum einen die regionale Landwirtschaft und zum anderen können die Verbraucher mit einem guten Gefühl genießen.[268]

Abb. 25: Das Netzwerk UNSER LAND

Quelle: O.N.: *Willkommen beim Netzwerk UNSER LAND.* URL: http://www.unserland.info/index.php?option =com_content&task=view&id=120 [04.02.2007, 14:53 MEZ].

---

266) ZMP (Hg.): *Gibt es statistische Zahlen zum Marktanteil von regional vermarkteten Produkten im Vergleich zu den Gesamtmengen?* URL: http://www.zmp.de/info/faq/antwort_029.asp [04.02.2007, 16:19 MEZ].

267) MEYER, Rolf & SAUTER, Arnold: *Regionalität von Nahrungsmitteln in Zeiten der Globalisierung.* Berichte des Büros für Technikfolgen-Abschätzung beim Deutschen Bundestag (TAB). Frankfurt/Main: Deutscher Fachverlag, 2004.

268) O.N.: *UNSER LAND - unsere Idee.* URL: http://www.unserland.info/index.php?option=com_content&task= view&id=56&Itemid=75 [30.01.2007, 14:46 MEZ].

Angefangen hat der Verein mit dem Verkauf von Brot in nur einem Landkreis. Innerhalb der letzten 13 Jahre ist das Sortiment auf über 40 Produkte angewachsen. Wurden diese zunächst nur in einzelnen Lebensmittelmärkten, Bäckereien und Metzgereien angeboten, ist die Zahl der Verkaufsstellen mittlerweile auf über 500 im Jahr 2006 angestiegen. Dies führte dazu, dass die Existenz vieler landwirtschaftlicher und handwerklicher Betriebe in der Region gesichert werden konnte und zusätzliche Arbeitsplätze entstanden sind.[269]

Im Jahr 2003 verliehen der WWF und das Wirtschaftsmagazin Capital dem Netzwerk die Auszeichnung „Ökomanager des Jahres". Zu den Beurteilungskriterien für die Verleihung gehören unter anderem die Vorbildfunktion des Unternehmens, Ziele im Umweltschutz, ressourcensparende Marketinglinien und ein umweltfreundlicher Transport.[270] Vor allem die Kombination aus ethischen, gesellschaftlichen, ökologischen und ökonomischen Aspekten macht den Erfolg des Netzwerkes aus. Deshalb ist dieser Verein auch gleichzeitig ein Beispiel für den Trend zu Ethic Food und Bio-Produkten.

4.8.4 Die Slow Food Bewegung

Slow Food ist zwar eine weltweite Bewegung, ist aber in 1000 so genannten Convivien, die Bezeichnung von Slow Food für ihre örtlichen und regionalen Gruppen, organisiert. Diese Convivien bzw. „Tafelrunden" bilden den Lebensnerv der Bewegung, indem sie lokale Arbeit leisten.[271]

---

269) Diese Angaben basieren auf Aussagen von Elsbeth Seiltz, 1. Vorsitzende des Dachverein UNSER LAND e.V., vom 05.02.07.

270) o.N.: *UNSER LAND: Ökomanager des Jahres 2003.* URL: http://www.unserland.info/index.php?option=com _content&task=view&id=115&Itemid=102 [04.02.2007, 10:22 MEZ].

271) WEINER, Sarah: *Die Slow Food Fibel.* [Online im Internet] URL: http://www.slowfood.de/wirueberuns/ die_slow_food_fibel/ [24.01.2007, 17:12 MEZ].

Abb. 26: weltweiter Aufbau von Slow Food

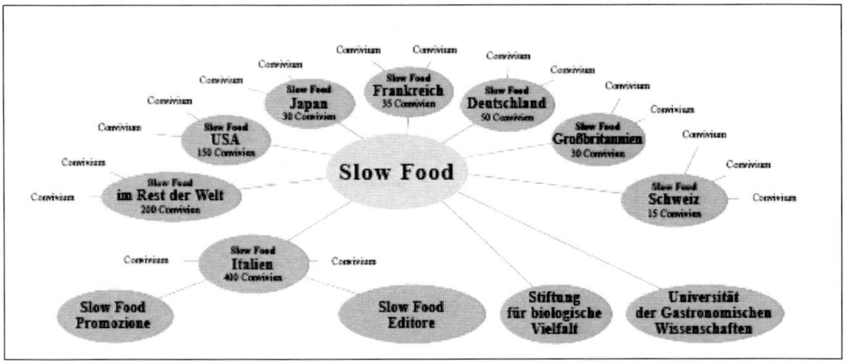

Quelle: WEINER, Sarah: *Die Slow Food Fibel.* [Online im Internet] URL: http://www.slowfood.de/wirueberuns/die_slow_food_fibel/ [24.01.2007, 17:12 MEZ].

Die Slow Food Bewegung wurde 1986 in Italien gegründet und ist seit 1989 eine internationale Non-Profit-Organisation mit der Zentrale in Bra, Italien. Für die Gründung gab es vor allem zwei Anlässe:

- die Eröffnung des ersten Mc Donald´s Restaurants an der Spanischen Treppe in Rom.[272] Dies wurde von Carlo Petrini und anderen Mitbegründern als Angriff auf die italienische Esskultur empfunden.
- der Methanol-Skandal 1985/86. Damals waren Menschen nach dem Genuss von italienischem Wein gestorben, da er mit Methanol verschnitten worden war.[273]

In Deutschland gibt es Slow Food seit 1992. Alles begann damit, dass der Weinhändler und Verleger Eberhard Spangenberg den Slow Food Osterienführer ins deutsche übersetzte. Der ersten Ausgabe war eine Karte beigelegt mit der sich Interessenten zur Gründung von Slow Food Deutschland melden konnten. Heute hat Slow Food Deutschland seinen Sitz in Sulingen bei Diepholz und hat über 5000 Mitglieder.[274]

---

272) BUCEJ, Johannes B.: *Slow Food - Lebensqualität durch bewussten Genuss.* In: SLOW FOOD MÜNCHEN (Hg.): *Genießen mit Verstand.* 1.Aufl. München: o.V., 2005.

273) SLOW FOOD DEUTSCHLAND E.V. (Hg.): *Wie Slow Food entstand.* URL: http://www.slowfood.de/wirueberuns/entstehung/ [21.02.2007, 09:37 MEZ].

274) PILS, Ingeborg: *Slow Food hat noch viel Potential.* In: SLOW FOOD MÜNCHEN (Hg.): *Genießen mit Verstand.* 1.Aufl. München: o.V., 2005.

"Gut, sauber und fair", unter dieser Maxime steht die Arbeit von Slow Food. Essen soll gut schmecken, die Produktion umweltschonend und unter artgerechter Tierhaltung erfolgen und die Produzenten gerecht für ihre Arbeit entlohnt werden.[275]

Zur lokalen Arbeit von Slow Food gehören:[276]

- Zusammenführung von Erzeugern und Verbrauchern, indem Messen, Veranstaltungen und Bauernmärkte organisiert werden
- Geschmackserziehung durch das Angebot von Verkostungen, die Arbeit in Schulen und der Lehre an der Universität der Gastronomischen Wissenschaften
- Wahrung der biologischen Vielfalt durch Projekte wie Arche des Geschmacks, Förderkreise und dem Slow Food Preis für biologische Vielfalt

Wichtig für Slow Food ist vor allem die Wahrung der Vielfalt und Eigenart jeder einzelnen Kulturlandschaft. Es wird davon ausgegangen, dass jede Kulturlandschaft eigene regional erzeugte Lebensmittel besitzt und damit auch einen eigenen Geschmack.[277] Um das zu bewahren nimmt Slow Food „Passagiere" in die „Arche des Geschmacks" auf, also lokale und regionale Lebensmittel, Nutztier- und Nutzpflanzenarten, um diese zu erhalten.[278] Das eingetragene Warenzeichen „Arche des Geschmacks®" tragen beispielsweise die Nutztierrassen „Buntes Bentheimer Schwein" und „Murnau-Werdenfelser Rind", die Kartoffelsorte „Bamberger Hörnla" oder der „Weißlacker", ein Käse, der nur im Allgäu vorkommt.[279] In die Vermarktung dieser Produkte ist auch ein Einstieg des Handels denkbar. Das Schweizer Handelsunternehmen Coop beispielswei-

---

275) SLOW FOOD DEUTSCHLAND E.V. (Hg.): *Gut, sauber und fair.* URL: http://www.slowfood.de/ [21.01.2007, 10:23 MEZ].
276) vgl.: WEINER, Sarah: *Die Slow Food Fibel*, S.5. [Online im Internet] URL: http://www.slowfood.de/wirueberuns/die_slow_food_fibel/ [24.01.2007, 17:12 MEZ].
277) WEINER, Sarah: *Die Slow Food Fibel*, S.5. [Online im Internet] URL: http://www.slowfood.de/wiruebe runs/die_slow_food_fibel/ [24.01.2007, 17:12 MEZ].
278) SLOW FOOD DEUTSCHLAND E.V. (Hg.): *„Essen, was man retten will".* URL: http://www.slowfood.de/arche /essen_was_man_retten_will/ [21.02.2007, 11:12 MEZ].
279) SLOW FOOD DEUTSCHLAND E.V. (Hg.): *Die Passagiere.* URL: http://www.slowfood.de/arche/passagiere/ [21.02.2007, 11:25 MEZ].

se hat seit 20. Februar 2007 exklusiv 50 Slow-Food-Produkte im Sortiment, ein weiterer Ausbau des Angebots ist geplant.[280]

4.9 Die Renaissance der deutschen Küche

Wie in Kapitel 2.1 bereits herausgearbeitet wurde, ist Ethno Food für den deutschen Verbraucher selbstverständlich geworden. Unsere multikulturelle Gesellschaft und unsere Reiselust haben maßgeblich dazu beigetragen. Besonders etabliert haben sich die Küchen der Mittelmeerländer. Allen voran die italienische Küche mit Pizza und Pasta, die jahrelang die beliebteste Küche überhaupt in Deutschland war. Auch die asiatische Küche ist nicht mehr aus unserem Speiseplan wegzudenken, genauso wie mexikanische, französische und türkische Gerichte (siehe dazu Abb. 27). Die deutsche Küche geriet über diese vielen verschiedenen Geschmäcker stark in den Hintergrund. In den letzten Jahren allerdings erlebt die sie eine regelrechte Renaissance. Die Apollinaris-Studie „Geschmack 2006" hat Anfang August 2006 über 1.000 Personen in Deutschland nach ihren bevorzugten Länderküchen und nach ihrem Gefühl, welche Küche im Trend liegt, befragt. Die deutsche Küche ist dabei zum ersten Mal zur beliebtesten Küche in Deutschland gewählt worden und hat die italienische Küche deutlich mit einem Abstand von 5 Prozentpunkten auf den zweiten Platz verwiesen.[281] Besonders bemerkenswert ist die Entwicklung, dass die deutsche Küche immer mehr auch als Trend gesehen wird. Hier hat sich ein Sprung von 2005 auf 2006 vollzogen. Glaubte 2005 nur jeder Vierte an den Trend zur deutschen Küche, so waren es 2006 bereits über 40 %.[282]

---

280) LPV LEBENSMITTEL PRAXIS VERLAG NEUWIED GMBH (Hg.): *Coop: Einsatz für Slow Food.* URL: http://www.lebensmittelpraxis.de/index.php?option=com_content&task=view&id=869&Itemid=135 [19.02.2007, 16:56 MEZ].

281) WACHHOLZ, Marianne: *Heimat auf Höhenflug.* In: *Deutsche Küche II.* Special. S.4-5. In: food service Nr. 2, Jg. 25 (2007).

282) WACHHOLZ, Marianne: *Heimat auf Höhenflug.* In: *Deutsche Küche II.* Special. S.4-5. In: food service Nr. 2, Jg. 25 (2007).

Abb. 27: Ergebnisse der „Geschmack 2006"

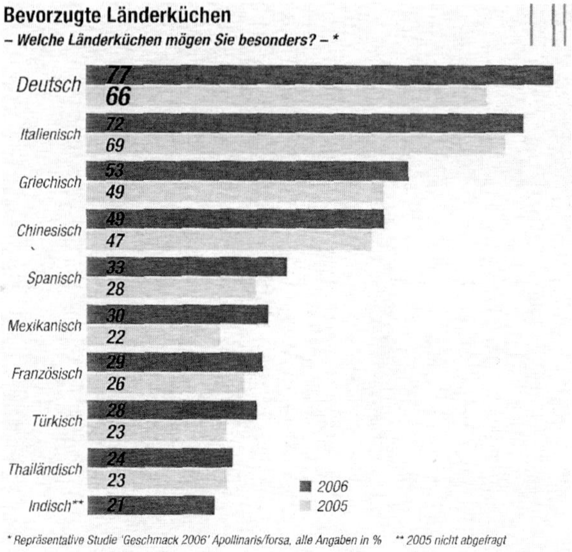

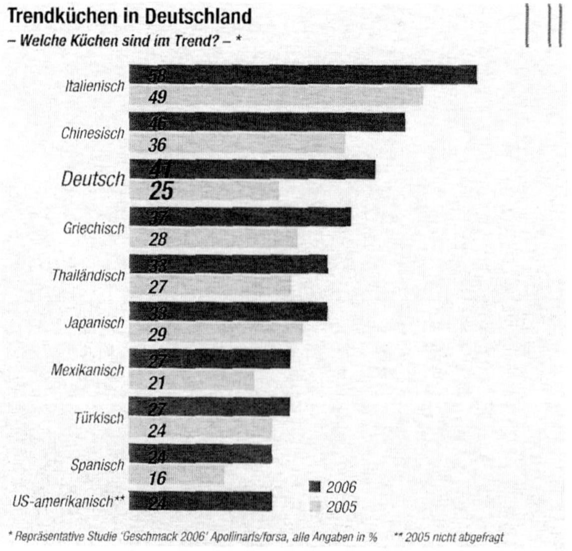

Quelle: WACHHOLZ, Marianne: *Heimat auf Höhenflug.* In: *Deutsche Küche II.* Special. S.4-5. In: food service Nr. 2, Jg. 25 (2007).

Die Gründe für diesen Wandel sind sehr vielschichtig. Gegessen wurden deutsches Gerichte ja eh und je, allerdings galt sie nie als „trendig". Dass sich das verändert hat, ist sicherlich der Verdienst der so genannten „jungen Wilden", jener junger Kochstars, die mit viel Begeisterung, frischen Ideen und mit Unterstützung der Medien die deutsche Küche wieder belebt haben.[282] Dazu kommt, dass deutsche Gerichte ein Gefühl von Heimat vermitteln, was besonders in Zeiten der Globalisierung wieder wichtiger wird um die eigene Identität zu bewahren. Dieses Gefühl für die eigene Identität hat sich zuletzt vor allem auch durch die Fußball-Weltmeisterschaft 2006 zum positiven verändert.[283]

Auffallend bei diesem Trend ist, dass er vor allem durch die Gastronomie ausgelöst wurde. Im Handel ist er noch nicht in diesem Ausmaß spürbar, auch wenn es bereits einige Anzeichen gibt. Beispielsweise hat die Firma Hengstenberg den typisch deutschen Rotkohl in einen trendigen Aromabeutel, der Frische vermittelt und vor allem jüngere Leute dafür begeistern soll, verpackt.

---

283) o.N.: *Retro-Trends: Aus Alt mach' Neu.* In: *Deutsche Küche II.* Special. S.12-13. In: food service Nr. 2, Jg. 25 (2007).

5 Auswirkungen auf die Gastronomie

Im folgenden Abschnitt dieser Studie werden die herausgearbeitete Ist-Situation bezüglich der deutschen Esskultur und die damit zusammenhängenden Trends in Hinblick auf die Gastronomie beleuchtet. Es soll untersucht werden, wie sich unser Essverhalten auf die Gastronomie auswirkt und inwieweit sich davon Trends in der Gastronomie ableiten lassen. Dazu werden aktuelle erfolgreiche Konzepte vorgestellt und nach ihren Erfolgsfaktoren untersucht.

5.1 Die Gastronomie als Segment des Außer-Haus-Markts

Der Außer-Haus-Markts (AHM) teilt sich in die vier Segmente Fullservice, Quickservice, Erlebnisgastronomie und Arbeits- und Ausbildungsplatzverpflegung.[284]

Fullservice ist hier gleichbedeutend mit Bedienungsgastronomie. Zum Quickservice gehören Schnellrestaurants und Imbisse, Free-Flow-Restaurants, Regalentnahme im LEH, Coffee Bars, Tank- und Raststätten und Imbisswagen und Kioske. Bei der Erlebnisgastronomie sind Cafés, Bistros und Eisdielen, Kneipen, Veranstaltungen und Kino-Gastronomie enthalten. Hier werden allerdings nur die Besuche beachtet, bei denen auch etwas gegessen wurde.[285] Diese drei Segmente, Fullservice, Quickservice und Erlebnisgastronomie fasst man zur kommerziellen Gastronomie zusammen.[286]

Im Jahr 2005 gab es im Außer-Haus-Markt insgesamt 6,8 Milliarden Besuche.[287] Demnach nutzte jeder Deutsche durchschnittlich jeden vierten Tag das Angebot des Außer-Haus-Markts.[288] Wie sich diese Besuche auf die einzelnen Segmente aufteilten, zeigt die folgende Abbildung.

---

284) ZMP (Hg.): *Essen außer Haus.* In: ZMP MafoBriefe 12/2005, S.5.
285) vgl.: ZMP (Hg.): *Essen außer Haus.* In: ZMP MafoBriefe 12/2005, S.5.
286) O.N.: *Außer-Haus-Markt im leichten Aufwind.* In: GVmanager 04/2006, S.10-12.
287) O.N.: *Außer-Haus-Markt im leichten Aufwind.* In: GVmanager 04/2006, S.10-12.
288) O.N.: *WM beflügelt Außer-Haus-Konsum.* In: food-reports Nr. 6, 2006, Beitrag Nr. 7. URL: http://www.food-monitor.de/food-reports/2006/06/food-reports-06-07.htm [15.11.2006, 17:34 MEZ].

Abb. 28: Prozentuale Verteilung der Besuche auf die einzelnen Segmente des AHM im Jahr 2005

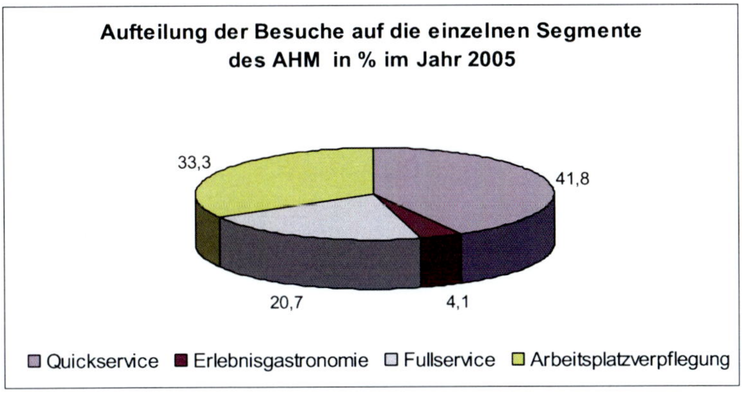

Quelle: eigene Darstellung[287]

Diese Besucher gaben in den unterschiedlichen Segmenten im Jahr 2005 insgesamt 41,5 Milliarden € aus.[289] Die prozentuale Aufteilung auf die einzelnen Segmente ist im Vergleich zur Besucherverteilung stark verändert:

Abb. 29: Prozentuale Verteilung der Ausgaben auf die einzelnen Segmente des AHM im Jahr 2005

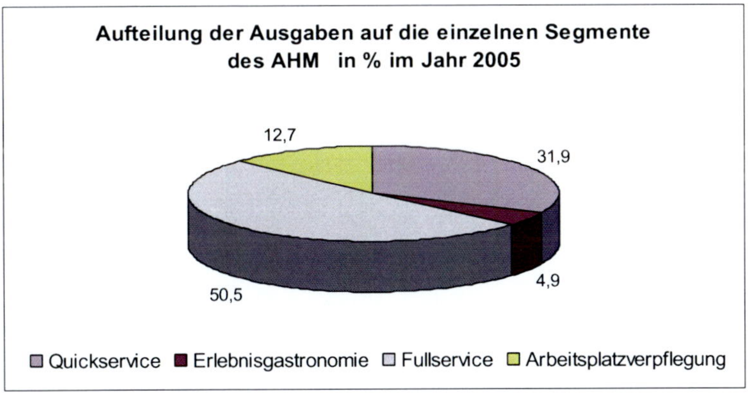

Quelle: eigene Darstellung[289]

Aus den beiden Darstellungen wird deutlich, dass in der Gastronomie etwa 87 % der Ausgaben getätigt werden, die Verzehrsfälle dagegen nur 66 % ausmachen. In der Gast-

---

289) o.N.: *Außer-Haus-Markt im leichten Aufwind.* In: GVmanager 04/2006, S.10-12.

ronomie wird also durchschnittlich mehr Geld pro Besuch ausgegeben als in der Arbeitsplatzverpflegung, nämlich 7,94 € im Gegensatz zu 2,33 € in der Arbeitsplatzverpflegung.[290] Schlägt man die Ausgaben auf die unterschiedlichen Segmente der Gastronomie wie in der folgenden Tabelle um, zeigen sich auch hier deutliche Unterschiede. Für Quickservice betragen die Ausgaben lediglich 4,66 € pro Besuch, in der Erlebnisgastronomie dagegen 7,29 € und im Fullservice 14,89 €.

Tabelle 4: Berechnung der durchschnittlichen Ausgaben pro Besuch je Segment des AHM im Jahr 2005

	Besuche in %	Besuche in Milliarden	durchschnittliche Ausgaben pro Besuch in €	Ausgaben in Milliarden €	Ausgaben in %
Quickservice	41,8	2,84	4,66	13,24	31,9
Erlebnisgastronomie	4,1	0,28	7,29	2,03	4,9
Fullservice	20,7	1,41	14,89	20,96	50,5
Arbeitsplatzverpflegung	33,3	2,26	2,33	5,27	12,7
Gesamt	100	6,8		41,5	100

Quelle: eigene Berechnung[290]

Im Jahr 2005 war im Außer-Haus-Markt erstmals wieder ein leichtes Umsatzwachstum von 1 % gegenüber dem Vorjahr zu verzeichnen. Die Jahre zuvor war vor allem die Gastronomie durch einen Umsatzrückgang bzw. einer Umsatzstagnation gekennzeichnet.[291] Auch die Zahl der Besuche im Außer-Haus-Markt hat im Jahr 2005 wieder zugenommen, im ersten Halbjahr 2006 sogar um 2,2 % gegenüber dem Vorjahr.[292] Dieser Besucherzuwachs zeigt auch die folgende Darstellung, die sich allerdings nur auf das erste Halbjahr des jeweiligen Jahres bezieht und sicherlich durch die Fußball-Weltmeisterschaft im Juni und Juli 2006 in Deutschland beeinflusst ist.

290) o.N.: *Außer-Haus-Markt im leichten Aufwind.* In: GVmanager 04/2006, S.10-12.
291) o.N.: *Außer-Haus-Markt im leichten Aufwind.* In: GVmanager 04/2006, S.10-12.
292) o.N.: *WM beflügelt Außer-Haus-Konsum.* In: food-reports Nr. 6, 2006, Beitrag Nr. 7. URL: http://www.food-monitor.de/food-reports/2006/06/food-reports-06-07.htm [15.11.2006, 17:34 MEZ].

Abb. 30: Besucherzahlenentwicklung im Außer-Haus-Verzehr (2003 – 2006, jeweils im 1. Halbjahr)

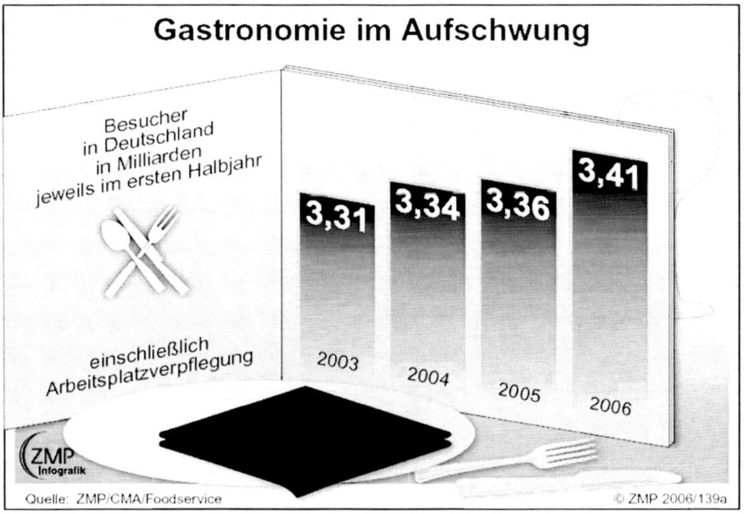

Quelle: ZMP (Hg.): *Gastronomie im Aufschwung.* [Online im Internet] URL: http://www.zmp.de/presse/agrarwoche/ marktgrafik/grafik_2006_40.asp [13.11.2006, 15:21 MEZ].

Gleichzeitig ist in dieser Zeit ein Rückgang der Besucherfrequenzen zu beobachten, was darauf schließen lässt, dass mehr Menschen das Angebot nutzen, aber weniger oft kommen.[293]

Im Folgenden werden nun die Veränderungen in den einzelnen Segmenten getrennt voneinander betrachtet:

- Arbeits- und Ausbildungsplatzverpflegung

Im Bereich der Arbeits- und Ausbildungsplatzverpflegung, die sich bezogen auf die Ausgaben zu 80 % aus Betriebsrestaurants und jeweils 10 % aus Cafeterien und Mensen und aus Verkaufsautomaten zusammensetzt, stiegen von 2003 bis 2005 die Besuche um 2,7 % und die Umsätze um 4,2 %. Das bedeutet, 2005 wurde pro Besuch durchschnittlich mehr ausgegeben als noch 2003.[294] Insgesamt wird die Lage auch für das Jahr 2006 positiv bewertet. Allerdings ist ein Rückgang der Besucherfrequenz zu verzeichnen,

293) O.N.: *Außer-Haus-Markt im leichten Aufwind.* In: GVmanager 04/2006, S.10-12.
294) SATTLER, Simone: *Gäste & Umsätze im Plus.* In: gv-praxis Nr. 10, Jg. 34 (2006), S.16-18.

was zusammen mit der Zunahme der Besuche im Quickservice-Bereich in der Mittagszeit darauf hindeutet, dass viele Gäste auch die Angebote der kommerziellen Gastronomie nutzen.[295]

- kommerzielle Gastronomie

In der kommerziellen Gastronomie stagnierten in der Zeit von 2003 bis 2005 die Umsätze nahezu. Außerdem war in der gleichen Zeit nur ein leichter Besucherzuwachs um 0,2 % zu verzeichnen.[296]

Klare Gewinner der kommerziellen Gastronomie im Jahr 2005 sind „Quickservicerestaurants Burger, Fisch, Chicken“ mit einer Umsatzsteigerung von 159 Millionen € und „Fullservicerestaurants Deutsch“ mit einer Steigerung um 58 Millionen €.[297] Die größten Umsatzrückgänge mussten sowohl Quickservice- als auch Fullservicerestaurants ohne klare Profilierung des Angebots bzw. Spezialisierung hinnehmen.[297]

Die Produktgruppen mit dem stärksten Wachstum waren Gebäck und Backwaren, Sandwiches und Fleisch-Snacks.[298] Diese Produktgruppen werden vor allem vom Quickservice und von der Erlebnisgastronomie bedient.

Zusammenfassend kann festgestellt werden, dass sich die Gastronomie langsam erholt und von der allgemein verbesserten Konjunktur in Deutschland profitiert.[299] Im Jahr 2005 konnten erstmals seit der BSE-Krise und der Euro-Umstellung wieder Zuwächse verzeichnet werden. Diese positive Entwicklung hat sich im Jahr 2006 weiter fortgesetzt.

5.2 Auswirkungen der Ist-Situation deutscher Esskultur auf die Gastronomie

Der Wandel der deutschen Gesellschaft lässt sich auch in der Gastronomie ausmachen. Dies wird deutlich, wenn man diejenigen Personengruppen betrachtet, die vermehrt die

---

295) BÜLDT, Jill: *Leichter Aufwind.* In: gv-praxis Nr. 04, Jg. 34 (2006), S.14.
296) O.N.: *Außer-Haus-Markt im leichten Aufwind.* In: GVmanager 04/2006, S.10-12.
297) vgl.: O.N.: *Außer-Haus-Markt im leichten Aufwind.* In: GVmanager 04/2006, S.10-12.
298) WEUFFEL, Katrin: *Außer-Haus-Markt erwacht.* [Online im Internet] URL: http://www.zmp.de/mafo/downloads/Ausser-Haus-Markt_Entwicklungen_im_1._HJ._2006.pdf [15.02.2007, 0:25 MEZ].
299) ALBERTI, Svenja & KÜSEL Cornelia: *Konjunktur beflügelt die Branche.* In: Allgemeine Hotel- und Gaststättenzeitung Nr. 41, Jg. 106 (2006), S.1-2.

Angebote des Außer-Haus-Marktes wahrnehmen. Grundsätzlich kann festgestellt werden, dass die intensivsten Nutzer allein lebende, berufstätige Singles sind. Sie nutzen hauptsächlich werktags außerhäusliche Verpflegungsmöglichkeiten. Auch allein stehende, männliche Rentner nutzen diese Möglichkeiten vergleichsweise oft, ebenfalls vor allem an Werktagen.[300] Außerdem gilt, je mehr Einkommen zur Verfügung steht, desto öfter wird auch außer Haus gegessen.[300]

Diese Zusammenhänge lassen vermuten, dass in Zukunft mit der Zahl der Singlehaushalte auch der Anteil des Außer-Haus-Verzehrs an unserer Versorgung zunehmen wird. Dies würde ein Wachstum dieses Marktes bewirken. Diesem Wachstum steht allerdings die demographische Entwicklung Deutschlands entgegen. Mit einer abnehmenden Bevölkerungszahl nimmt auch die Zahl der potenziellen Kunden für die Gastronomie ab. (siehe dazu Kapitel 3.1)

Was die Essgewohnheiten der deutschen Bevölkerung angeht, ist deutlich geworden, dass die Menschen in Deutschland nach wie vor gemeinsame Familienmahlzeiten schätzen. Auch für Singles spielt die Mahlzeit gemeinsam mit Anderen eine wichtige Rolle und findet aufgrund der Lebenssituation oft in der Gastronomie statt. In diesem Fall wird das Essen durch einen Mehrwert ergänzt und die Lokalität in gewisser Weise zum „Heim-Ersatz". Konzepte mit Lounge-Charakter, Wohlfühl-Atmosphäre auf gehobenem Niveau und offene Küchen sind die passende Antwort darauf.[301]

Tagsüber dagegen wünschen sich die Menschen eher „Essen im Vorübergehen", also eine schnelle Versorgung, die möglichst wenig Aufwand mit sich bringt.[301] Auf diese veränderten Bedürfnisse muss sich die Gastronomie ebenfalls einstellen. Erfolgreich tun das so genannte Fast Casual Konzepte (siehe dazu Kapitel 5.4.3), eine Verbindung aus Casual Dining, also zwanglosem Essen und Fast Food.[302] Dieses „Zwanglose" entspricht auch einem der „soziokulturellen Schlüsseltrends für die Märkte von morgen", dem Trend zur neuen Ehrlichkeit, wie es das Kelkheimer Zukunftsinstitut bezeichnet. Im Food-Bereich ist demnach „eine schnelle, diskrete, schnörkellos ehrliche und preis-

---

300) DGE (Hg.): *Ernährungsbericht 2004*. Frankfurt/Main: DGE, 2004.

301) O.N.: *Eatertainment 2015. Gastrowelten zwischen Versorgung und Event.* In: GVmanager Nr. 10/2006, S.16-17.

302) WILHELM, Sybille: *Hanni Rützler: „Die Muster verschieben sich".* [Online im Internet] URL: http://www.lz-net.de/dossiers/aktuell/pages/show.prl?id=1062&backid=1918 [20.01.2007, 16:45 MEZ].

werte Gesund-Küche" gefragt.[303] Ein dementsprechendes Konzept ist das der „Neokantine". Dieses Konzept beinhaltet eine offen einsehbare Küche, Gäste, die sich ihr Essen selbst abholen, eine schnelle Zubereitung nach Baukastensystem mit frischen Zutaten und eine offene, menschliche Atmosphäre.[303]

Niemals unterschätzten darf die Gastronomie die immer noch bestehende Preissensibilität der deutschen Konsumenten.[304] Allerdings fällt auf, dass Umsatzrückgänge in der Gastronomie vor allem Konzepte ohne besondere Spezialisierung betreffen.[305] Ein Konzept mit klarer Profilierung und einem damit verbundenen Mehrwert kann also trotzdem erfolgreich sein.

5.3 Auswirkungen der Trends in der deutschen Esskultur auf die Gastronomie

Im Folgenden werden nun alle Trends in der deutschen Esskultur noch einmal hinsichtlich ihrer Auswirkungen auf die Gastronomie betrachtet. Dabei geht es einerseits darum, was sich der deutsche Verbraucher von der Gastronomie wünscht und andererseits welche Trends der Esskultur auch in der Gastronomie wieder zu finden sind.

5.3.1 Convenience Food

Convenience Food ist in der Gastronomie nicht mehr wegzudenken. Zum einen nutzt die Gastronomie das vielfältige Angebot vorbereiteter Produkte und Zutaten, zum anderen ist die Gastronomie zu einem zusätzlichen Anbieter von Convenience Food neben dem Lebensmittelhandel geworden. Restaurants bieten zunehmend Menükomponenten für Privatverbraucher an. Bei besonders hochwertigen Mahlzeiten wie zum Beispiel der „Weihnachtsgans" sinkt mittlerweile auch die Hemmschwelle, diesen Service in Anspruch zu nehmen. Aber auch Saucen, Fonds, Gemüse oder frischer Fisch sind Produkte, deren Verkauf ab Restaurant nicht unüblich ist.[306]

---

303) vgl.: O.N.: *Dem Trend zur neuen Ehrlichkeit auf der Spur.* In: Allgemeine Bäckerzeitung Nr. 51, Jg. 61 (2006), S.9.
304) O.N.: *Ernährungstrends mit vielen Facetten.* In: GVmanager 9/2006, S.68-69.
305) BÜLDT, Jill: *Leichter Aufwind.* In: gv-praxis Nr. 04, Jg. 34 (2006), S.14.
306) RÜTZLER, Hanni: *Was essen wir morgen?* Wien: Springer Verlag, 2005.

Die Auswahl für die Großverbraucher selbst ist im Bereich Convenience erheblich größer als im Einzelhandel und das Sortiment liegt qualitativ auf einem sehr hohen Niveau.[307] Genauso vielfältig wie das Angebot sind auch die Möglichkeiten der Köche, mit Hilfe dieser Produkte dem Gast abwechslungsreiche, qualitativ hochwertige Küche zu einem adäquaten Preis anzubieten. Allerdings ändern sich damit auch die Anforderungen an den Koch selbst, da er als Grundlage immer noch die klassischen Fertigkeiten benötigt, zusätzlich aber noch den Umgang mit den neuen Produkten erlernen muss.[308] Wenn conveniente Lebensmittel sinnvoll eingesetzt und individuell vom Koch in die Menus eingebaut werden ergeben sich erhebliche Vorteile:[309]

- Gleich bleibende Qualität auf hohem Niveau
- Kostenoptimierung durch Einsparung von Personal und bessere Planbarkeit des Wareneinsatzes
- Vielfalt und Erlebnis für den Gast

Wichtig dabei sind allerdings immer die Kreativität des Kochs und die Berücksichtigung von beispielsweise regionalen oder saisonalen Besonderheiten.[309]

5.3.2 Functional Food

Functional Food ist für die Gastronomie ein eher unwichtiges Segment. Da aber Gesundheit, Fitness und das persönliche Wohlbefinden eine immer größere Rolle für den Verbraucher spielen, sollte man sich in der Gastronomie noch mehr Gedanken machen, inwiefern man diese Lebensmittel mit ins Sortiment aufnehmen kann.[310] In Fullservicerestaurants wird das eher weniger der Fall sein. Möglichkeiten bestehen aber durchaus für Quickservicerestaurants. Besonders viel versprechend ist das Angebot von Lebensmittelgruppen wie Getränken, Milchprodukten, Frühstück und Brot und Backwaren, da Functional Food dieser Gruppen auch zu Hause konsumiert wird (siehe dazu Kapi-

---

307) KLEMENT, Kornél: *Heraus aus dem tiefgekühlten Dornröschen-Schlaf im Handel.* In: tiefkühl-report Nr. 8, Jg. 10 (2006), S.8-9.

308) BEHRE, Marina: *„Convenience schafft Spielraum"* In: Allgemeine Hotel- und Gaststättenzeitung Nr. 42, Jg. 106 (2006), S.24.

309) BEHRE, Marina: *Die Retter der Tafelrunde.* In: Allgemeine Hotel- und Gaststättenzeitung Nr. 42, Jg. 106 (2006), S.23.

310) RÖTHENBACHER, Karolina: *Functional Food. Trendige Sattmacher mit Zusatznutzen.* In: GVmanager 12/2005, S.21.

tel4.2). Ebenfalls möglich wäre beispielsweise im Brotsnackbereich die Kreation eigener Sandwiches. Eine Kombination aus ballaststoffreichem Brot, Pflanzenmargarine mit Phytosterinen und einem dementsprechenden Belag könnte im Snackbereich mit einer sinnvollen Auslobung seine Abnehmer finden.

5.3.3 Health Food

Health Food wird vom deutschen Verbraucher immer mehr nachgefragt. Allerdings ist es mit dem Angebot von gesunden Gerichten allein noch lange nicht getan. Der Gast möchte gleichzeitig genießen können. Was nicht schmeckt, wird auch nicht nachgefragt. (siehe dazu Kapitel 4.7.3) Für die Gastronomie gilt es also, gesunde Ernährung schmackhaft zu gestalten und attraktiv anzubieten. Wichtig ist dabei auch, dass der Gesundheitsaspekt tatsächlich vorhanden und klar zu erkennen ist. Eine Auslobung als Wellness Food allein reicht nicht aus. Denn durch den inflationären Gebrauch des Begriffs Wellness in den letzten Jahren besteht bereits die Gefahr, dass er für den Kunden an Zugkraft verliert (siehe dazu Kapitel 4.3.2). Der Deutsche Wellness Verband möchte dem entgegenwirken und vergibt daher Qualitätszertifikate für wellnessorientierte Restaurants.[311] Damit können Restaurants dazu beitragen einer Ausbremsung des Marktwachstums entgegenzuwirken. Qualitätsstandards, die für eine Zertifizierung beispielsweise erfüllt werden müssen, sind der Einsatz hochwertiger regionaler Lebensmittel, die, wenn möglich, bio-zertifiziert sind und das Angebot gesundheitsfördernder Speisen, auch für Vegetarier. Außerdem gehören Wohlfühl-Ambiente und ein in Ernährungsfragen kompetenter Service dazu.[311]

5.3.4 Clean Food

Prognosen gehen davon aus, dass die Zahl der Lebensmittelunverträglichkeiten in Zukunft weiter zunehmen wird. Aber nicht nur dadurch wird der Bedarf an Clean Food immer größer, sondern auch durch immer mehr Menschen, die mit Purismus gesunde Ernährung verbinden.[312] In der Gastronomie muss also immer häufiger mit Umbestel-

---

311) vgl.: MÜLLER, Manfred: *Neue Orientierungshilfe für Restaurants.* [Online im Internet] URL: http://www.wellnessverband.de/newsletter/geniesser/2006_03.html [18.12.2006, 19:00 MEZ].
312) RÜTZLER, Hanni: *Was essen wir morgen?* Wien: Springer Verlag, 2005.

lungen gerechnet werden. Bis auf einige wenige spezialisierte Restaurants hat sich die Gastronomie allerdings noch nicht ausreichend auf Allergiker eingestellt.

Wer aber dem Gast die Möglichkeit bietet, trotz seiner Einschränkungen im Restaurant essen zu können, kann sich damit von der Konkurrenz abheben. Ähnlich wie im Lebensmitteleinzelhandel besteht auch hier die Profilierungsmöglichkeit über zusätzlichen Service. Die Voraussetzung dafür ist die genaue Kenntnis der eingesetzten Lebensmittel. Die Tatsache, dass sich ein Restaurant Gedanken über Allergene macht, wird auch von anderen Gästen wahrgenommen und kann ein zusätzliches Qualitätsmerkmal darstellen.

5.3.5 Premium Food und Cheap Basics

Was den Einsatz von Premium Food und Cheap Basics in der Gastronomie angeht lässt sich folgendes feststellen: Der Einsatz von Herstellermarken in der Gastronomie ist eher rückläufig. Zwar werden die bekannten Vorteile einer bekannten Marke, nämlich die Bekanntheit und das Vertrauen des Kunden in die Qualität nicht verkannt, allerdings werden, ähnlich wie in den Privathaushalten, immer mehr No-Name-Produkte eingesetzt.[313] Vor allem in Bereichen, in denen die Ware weiterverarbeitet wird und für den Endverbraucher nicht klar ersichtlich ist, welche Grundprodukte verwendet wurden, werden solche Cheap Basics, die GV-Handelsmarken, immer beliebter. Allerdings wird die Entwicklung als nicht so dynamisch und sortimentsübergreifend eingeschätzt wie das im LEH der Fall ist.[313]

Genauso wie der Lebensmittelhandel müssen auch Restaurants damit rechnen, höhere Preise nur durchsetzen zu können, wenn sie einen echten Mehrwert bieten. Ein echter Mehrwert in der Gastronomie ist beispielsweise die Inszenierung von Genuss. Dies kann entweder über die eingesetzten Produkte oder ein entsprechendes Ambiente stattfinden.

---

313) LENDLE, Michael: *Wachsende Anforderungen im Außer-Haus-Markt?* In: LEYRER, Hans-Joachim; STRECKER, Otto & ELLES, Anselm: *Erfolgsstrategien für Lebensmittel.* 1. Aufl. Frankfurt am Main: DLG Verlag, 2004, S.178-184.

Ein Produkt, bei dem dies hervorragend gelungen ist, sind die Gastroflaschen des Getränkeherstellers Apollinaris. Allein das neue Verpackungsdesign rechtfertigt einen höheren Preis durch den unübersehbaren Genusswert.[314]

Abb. 31: Inszenierung von Genuss am Beispiel Apollinaris

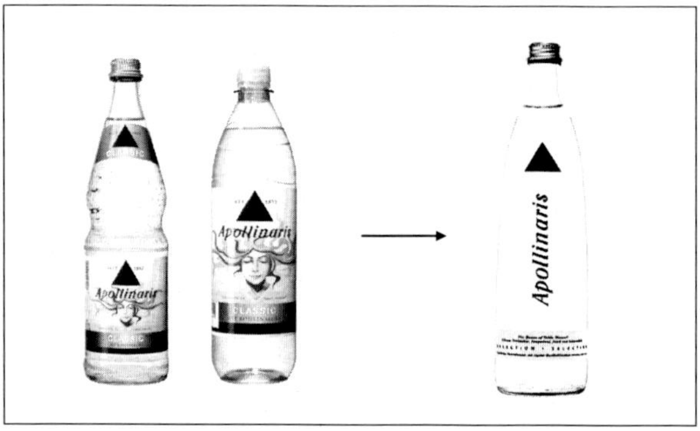

Quelle: eigene Zusammenstellung[315]

Ein Meister in der Inszenierung von Genuss ist Alfons Schubeck. Mit seinem Palazzo, dem Restaurant im historischen Spiegelpalast in München, präsentiert er „Köstliches, Komisches und Künstlerisches".[316] An sechs Tagen in der Woche erwartet die Besucher ein dreieinhalbstündiges Programm aus Artistik, Komik und kulinarischen Köstlichkeiten.[317]

Einen besonderen Einfluss auf die Gastronomie nehmen die neuen Genießer, schließlich besuchen sie regelmäßig Restaurants. Auf der Suche nach neuen Geschmackserlebnissen sind sie bereit weite Wege auf sich zu nehmen und bedienen sich dabei gerne der zahlreichen Restaurantführer auf dem Markt.[318] Der vielleicht bedeutendste unter ihnen ist der Michelin-Guide.[319] Wer von Michelin einen Stern verliehen bekommt, ist bereits im Gespräch. Wer sogar drei Sterne hat, gehört zu den absoluten Spitzenköchen. In

314) SCHMIDT, Peter: *Die Inszenierung des Genusses.* In: DLG e. V. (Hg.): *Genuss-Standort Deutschland. Zukunftsstrategien für Lebensmittel.* Frankfurt/Main: DLG Verlag, 2006, S.227-238.
315) APOLLINARIS & SCHWEPPES GMBH (Hg.): *Apollinaris.* URL: http://www.apollinaris-schweppes.net/ [22.02.2007, 12:15 MEZ].
316) O.N.: *Alfons Schuhbeck Palazzo 2006/2007.* URL: http://www.gastroguide-muenchen.de/specials/schuhbeck_ palazzo_04.htm [20.02.2007, 12:12 MEZ].
317) O.N.: *Alfons Schuhbeck Palazzo 2006/2007.* URL: http://www.gastroguide-muenchen.de/specials/schuhbeck_ palazzo_04.htm [20.02.2007, 12:12 MEZ].
318) FICHTNER, Ulrich: *Der Klassenmampf.* In: Der Spiegel Nr. 44/2006, S.86-100.
319) BRÖHM, Patricia: *Crème de la Crème.* In: Süddeutsche Zeitung Nr. 268, Jg. 62 (2006). S.9.

Deutschland gibt es nur noch sechs von ihnen: Harald Wohlfahrt, Dieter Müller, Helmut Thieltges, Heinz Winkler, Joachim Wissler und Christian Bau.[319] Bekommt jemand dagegen einen Stern entzogen, wie es bei Jean-Claude Bourgueil erst kürzlich der Fall war, hat das erhebliche wirtschaftliche Folgen.[319] Wer also die neuen Genießer als Gäste empfangen will, muss auch dementsprechende Bewertungen vorzeigen können.

5.3.6 Bioprodukte

Die Gastronomie reagiert bereits auf den Trend zu Bioprodukten und dem damit verbundenen Wunsch der Kunden nach gesünderen und qualitativ hochwertigen Lebensmitteln. Mittlerweile haben 1.000 Küchen das Bio-Zertifikat. Diese Zahl bedeutet, dass es von 2005 bis 2006 einen Zuwachs um 30 % gegeben hat.[320] Zu diesen 1.000 gehören allerdings auch immer mehr Kliniken und Heime, weshalb die Zahl über die tatsächlich noch relativ seltene Verwendung von Bio-Produkten in der Gastronomie hinweg täuscht.[321] Zwar spürt die Gastronomie den Wunsch der Kunden nach biologisch erzeugten Lebensmitteln, allerdings ist das Angebot noch immer sehr gering. Auch die Qualität der Produkte, ihre Frische und der persönliche Kontakt zum Lieferanten sprechen für Bioprodukte, allerdings fürchten viele die hohen Preise und dass sich letztlich doch nicht genügend Abnehmer dafür finden lassen.[322]

Wer Bio in seiner Küche einsetzen möchte hat grundsätzlich drei alternative Möglichkeiten:[323]

- Einsatz vereinzelter bio-zertifizierter Rohstoffe
- Angebot von kompletten Bio-Gerichten
- Vollständige Umstellung des Betriebs auf Bio-Produkte

---

320) o.N.: *Jetzt 1000 Küchen mit Bio-Zertifikat.* URL: www.ahgz.de/vermischtes/,492006,6129070919.html [08.12.2006, 11:54 MEZ].

321) o.N.: *Es ist geschafft: Jetzt 1000 Küchen mit Bio-Zertifikat.* Pressemitteilung vom 30.11.2006. [Online im Internet] URL: http://www.fiblgate.org/1000biokuechen/documents/PM_061130_1000KuechenmitBio-Zertifikat.pdf [01.02.2007, 13:24 MEZ].

322) LENDLE, Michael: *Wachsende Anforderungen im Außer-Haus-Markt?* In: LEYRER, Hans-Joachim; STRECKER, Otto & ELLES, Anselm: *Erfolgsstrategien für Lebensmittel.* 1. Aufl. Frankfurt am Main: DLG Verlag, 2004, S.178-184.

323) RÖTHENBACHER, Karolina: *Mehr Bio – logisch, aber wie?* In: GVmanager 1-2/2006, S.22-23.

Wer mit dem Einsatz von Bio-Produkten werben möchte muss allerdings die Anforderungen der EG-Öko-Verordnung einhalten und sich bio-zertifizieren lassen. Demnach ist beispielsweise eine getrennte Lagerung der Bio-Rohstoffe von den konventionell hergestellten Lebensmitteln und eine genau festgelegte Werbung einzuhalten.[323]

Dass eine komplette Umstellung auf Bio-Produkte funktionieren kann zeigt eindrucksvoll der Berliner Imbissbudenbesitzer Ernst-Hermann Exter mit seinen Imbissständen „Witty`s Organic Food“ und „Fritz & Co“. Die Gourmet-Fast-Food-Schmiede Witty`s existiert bereits seit 1984, die Umstellung auf Bio erfolgte am 21. Mai 2003.[324] Seitdem ist Witty`s auf Messen und Events in ganz Deutschland vertreten und bietet seit dem Jahr 2005 seine Produkte auch für Großverbraucher an.[325]

5.3.7 Ethic Food

In Deutschland wurden im Jahr 2005 bereits in über 800 Kantinen, Cafés, Mensen und Hotels Waren mit dem Fair-Trade-Siegel angeboten.[326] Die Produktpalette umfasst dabei vor allem Kaffee, Tee, Süßigkeiten, Kakao, Honig, Bananen, Fruchtsäfte, Reis und Wein.[326]

In der kommerziellen Gastronomie sind Fair-Trade-Produkte allerdings immer noch sehr selten zu finden. Meist sind es die großen Ketten, die einzelne fair gehandelte Produkte verwenden. Vor allem Kaffee ist ein prestigeträchtiges Produkt, das dafür sehr gut geeignet ist. Starbucks (siehe dazu Kapitel 5.4.1) zum Beispiel verwendet Kaffee mit dem Fair-Trade-Siegel. Auch McDonald´s beginnt, in seinen Restaurants Kaffee mit dem Siegel der Umweltschutzorganisation Rainforest Alliance zu verkaufen. Dazu gehören bereits alle Restaurants in Großbritannien und Irland. Geplant ist die Ausweitung auf Kontinentaleuropa im Laufe des Jahres 2007. Allerdings kritisiert Transfair daran, dass bei der Rainforest Alliance ökologische Standards im Vordergrund stehen und es

---

324) O.N.: *20 Jahre Witty`s. 1984 – 2004.* URL: http://www.wittys-berlin.de/chronik.html [23.02.2007, 19:51 MEZ].

325) O.N.: *Unsere Produktpalette.* URL: http://www.wittys-berlin.de/products.html [23.02.2007, 19:58 MEZ].

326) EDLER, Antje: *Zahlen & Fakten zum Fairen Handel in Deutschland 2005.* [Online im Internet] URL: http:// www.forum-fairer-handel.de/downloadc/61108_zahlen%20fairer%20Handel.pdf [07.02.2007, 12:24 MEZ].

sich nicht um fair gehandelten Kaffee handelt.[327] Vermutlich wird allerdings für die meisten Gäste das Siegel deswegen nicht an Zugkraft verlieren.

5.3.8 Regionalität

In der Gastronomie haben regionale Produkte schon lange einen hohen Stellenwert, da für die Gäste ihre Verwendung einen absoluten Mehrwert darstellt. Laut CMA wünschen sich etwa drei viertel der Bevölkerung ein breiteres Angebot an regionalen Produkten, sowohl in der Gastronomie als auch im Lebensmitteleinzelhandel.[328] (siehe dazu Kapitel 4.8.2). Dies trägt zur Kundenbindung bei. Außerdem hat die Regionalität von Produkten für den Gastronomen den zusätzlichen Vorteil, die Lieferanten in unmittelbarer Nähe zu haben und die dadurch sehr flexibel in der Belieferung sein können.[329] Vor allem der persönliche Kontakt zum Lieferanten, die Frische und Qualität der Produkte und die Möglichkeit regionale Spezialitäten anbieten zu können sind weitere positive Aspekte von Regionalität.[329]

Problematisch ist allerdings, dass das Angebot an regionalen Produkten der GV-Zustelldienste die große Nachfrage oft nicht decken kann und für viele Gastronomen vor allem die hohen Preise ein Hinderungsgrund sind, diese Produkte einzusetzen.[329]

5.3.9 Die Renaissance der deutschen Küche

Die deutsche Küche erfreut sich in den letzten Jahren wieder großer Beliebtheit. Davon betroffen sind natürlich auch gutbürgerliche Restaurants. Sie konnten ihren Spitzenplatz als beliebteste Kategorie von 55 % im Jahr 2005 auf 64 % im Jahr 2006 weiter ausbauen.[330] Aber die deutsche Küche ist wandlungsfähig. Nicht nur gutbürgerliche Restaurants können von diesem neuen Trend profitieren, sondern auch Betriebsgastronomien,

---

327) OSUSKY, Linda: *McDonald's poliert Image mit Umweltkaffee auf – Transfair: „Das ist kein echter Fairtrade-Kaffee"* URL: http://www.food-monitor.de/foodline-infoletter/2007/Februar/07-01-foodline-aktuell14.htm [09.02.2007, 20:22 MEZ].

328) O.N.: *Regionale Küche voll im Trend.* In: *Marken in Deutschland.l.* S.6-9. Supplement in GVmanager Nr. 12/2005.

329) LENDLE, Michael: *Wachsende Anforderungen im Außer-Haus-Markt?* In: LEYRER, Hans-Joachim; STRECKER, Otto & ELLES, Anselm: *Erfolgsstrategien für Lebensmittel.* 1. Aufl. Frankfurt am Main: DLG Verlag, 2004, S.178-184.

330) SATTLER, Simone: *Favorit Deutsche Küche.* In: gv-praxis Nr. 11, Jg. 34 (2006), S.13.

Sternegastronomien und Szene-Lokale.[331] Das zeigen mittlerweile zahlreiche innovative Konzepte rund um die deutsche Küche wie beispielsweise die Schnitzelei (siehe dazu Kapitel 5.4.4). Sogar der französische Küchenpapst Jean-Claude Bourgueil hat die deutsche Küche für sich entdeckt. Er kocht im Düsseldorfer Restaurant „Schiffchen" und bringt demnächst ein Kochbuch mit dem Titel „Typisch deutsch" heraus.[332]

5.4 Erfolgreiche Konzepte in der Gastronomie

Bisher wurde die Bedeutung der Trends in der deutschen Esskultur bezüglich der Gastronomie aufgezeigt. Im Folgenden liegt der Schwerpunkt nun darauf, welche Gastro-Konzepte erfolgreich sind und welche Merkmale den Trends in der deutschen Esskultur entsprechen.

5.4.1 Starbucks[333]

Das erste Starbucks Coffee House wurde bereits 1971 in Seattle eröffnet.[334] Der Name Starbucks stammt aus dem Roman Moby Dick, wodurch eine Verbindung zur Seefahrertradition geschaffen wird. Dies passt zum Unternehmen, da Kaffee schon immer das Hauptgeschäft von Starbucks ausmachte und dieser per Schiff importiert wurde. Weitere Filialen außerhalb Seattles wurden allerdings erst in den 90er Jahren eröffnet. Zunächst begann man Standorte in Nordamerika zu erschließen, später dann in der ganzen Welt.[334]

Heute ist die Starbucks Coffee Company mit 12.400 Filialen der „weltweit führende Anbieter, Röster und Vermarkter von Spezialitätenkaffee".[335] Langfristig sollen daraus

---

331) DAMMER, Ursula & WACHHOLZ, Marianne: *Deutsche Küche: Stil-Übungen.* In: *Deutsche Küche II.* Special. S.6-7. In: food service Nr. 2, Jg. 25 (2007).

332) AHRENS, Klaus & PITTNER, Hanno: *Patriotismus kocht hoch.* URL: http://www.manager-magazin.de/magazin /artikel/0,2828,454302,00.html [22.02.2007, 01:24 MEZ].

333) *Quelle des Logos:* Starbucks Coffee Deutschland GmbH.

334) STARBUCKS COFFEE DEUTSCHLAND GMBH (Hg.): *Die Firmengeschichte.* URL: http://www.starbucks.de/de-de/_About+Starbucks/Die+Firmengeschichte.htm [21.02.2007, 09:31 MEZ].

335) vgl.: STARBUCKS COFFEE DEUTSCHLAND GMBH (Hg.): *Über Starbucks.* URL: http://www.starbucks.de/de-de/_About+Starbucks/ [21.02.2007, 09:51 MEZ].

allerdings 40.000 weltweit werden.[336]

Nach Deutschland kam Starbucks im Mai 2002 und eröffnete die ersten beiden Filialen in Berlin.[337] Die Starbucks Coffee Deutschland GmbH ist mittlerweile auf 75 Coffee Houses (Stand: 10. Januar 2007) angewachsen.[338] Allerdings sollen allein in Hamburg insgesamt bis zu 30 Filialen entstehen.[336] Die Filialen werden nicht von Franchise-Nehmern geführt, sondern von Starbucks Deutschland selbst.[339]

Anspruch des Unternehmens ist es, dem Gast neben dem „besten Kaffee" auch ein Erlebnis zu bieten.[340] Dazu gehören der Service durch so genannte Barista, die für die perfekte Zubereitung der Kaffeespezialitäten zuständig sind, genauso wie ein Ambiente, das Starbucks zum „3rd Place" neben Arbeit und Zuhause machen soll.[341] Alle angebotenen Produkte, neben Kaffee in den unterschiedlichsten Variationen sind auch Mocha Frappuccino® Blended Coffee, Tazo® Tees und Snacks erhältlich,[342] sind auch zum Mitnehmen zu haben.[341]

Das Besondere an Starbucks ist allerdings, dass es Teil der Unternehmensphilosophie ist, soziale, wirtschaftliche und ökologische Verantwortung zu übernehmen.[343] Dazu gehört respektvolles, ethisch verantwortungsvolles und umweltbewusstes Handeln in allen Ländern in denen das Unternehmen tätig ist.[344] Starbucks Deutschland setzt sich

---

336) SCHRÖDER, Dino: *Starbucks plant bis zu 30 Coffee-Shops in Hamburg.* URL: http://www.welt.de/print-welt/article699845/Starbucks_plant_bis_zu_30_Coffee-Shops_in_Hamburg.html [24.02.2007, 03:57 MEZ].

337) STARBUCKS COFFEE DEUTSCHLAND GMBH (Hg.): *Starbucks in Deutschland.* URL: http://www.starbucks.de/de-de/_About+Starbucks/Starbucks+in+Deutschland.htm [21.02.2007, 09:39 MEZ].

338) O.N.: *Starbucks: In Europa jetzt über 850 Units.* URL: http://cafe-future.net/aktuell/news/pages/show.prl?id= 11093&type=1 [11.01.2007, 01:18 MEZ].

339) STARBUCKS COFFEE DEUTSCHLAND GMBH (Hg.): *Starbucks in Deutschland.* URL: http://www.starbucks.de/de-de/_About+Starbucks/Starbucks+in+Deutschland.htm [21.02.2007, 09:39 MEZ].

340) STARBUCKS COFFEE DEUTSCHLAND GMBH (Hg.): *Über Starbucks.* URL: http://www.starbucks.de/de-de/_About +Starbucks/ [21.02.2007, 09:51 MEZ].

341) STARBUCKS COFFEE DEUTSCHLAND GMBH (Hg.): *Starbucks in Deutschland.* URL: http://www.starbucks.de/de-de/_About+Starbucks/Starbucks+in+Deutschland.htm [21.02.2007, 09:39 MEZ].

342) STARBUCKS COFFEE DEUTSCHLAND GMBH (Hg.): *Ihr Starbucks Lieblingsgetränk.* URL: http://www.starbucks. de/de-de/_Favorite+Beverages/ [21.02.2007, 09:39 MEZ].

343) STARBUCKS COFFEE DEUTSCHLAND GMBH (Hg.): *Über Starbucks.* URL: http://www.starbucks.de/de-de/_About +Starbucks/ [21.02.2007, 09:51 MEZ].

344) STARBUCKS COFFEE DEUTSCHLAND GMBH (Hg.): *Starbucks in Deutschland.* URL: http://www.starbucks.de/de-de/_About+Starbucks/Starbucks+in+Deutschland.htm [21.02.2007, 09:39 MEZ].

unter anderem für die Kinderkrebsstation der Uniklinik Düsseldorf ein.[345] Ein weiterer Beleg für ein verantwortungsvolles Handeln ist die Verwendung von fair-trade-gesiegeltem Kaffee (siehe dazu Kapitel 4.7.2).[346] Mit dem Kauf von 5,2 Millionen Kilo fair gehandeltem Kaffee im Geschäftsjahr 2005 entfällt etwa ein Zehntel der global getätigten Fair-Trade-Kaffeeimporte auf Starbucks.[346]

5.4.2 Subway[347]

Der erste Subway wurde von Fred deLuca 1965 in Bridgeport/Connecticut, damals noch unter dem Namen „Super Submarines“, eröffnet. So nannte er seine Sandwiches, wegen ihres U-Boot ähnlichen Aussehens.[348] Im Jahr 1974 wurden die bis dahin entstandenen 16 Restaurants in ein 100prozentiges Franchisesystem umgewandelt.[349] Bis heute sind daraus mehr als 27.000 Filialen geworden. Erklärtes Ziel ist es, bis zum Jahr 2010 mit 30.000 Restaurants McDonald´s, die bisherige Nummer 1 im Fastfood-Markt, zu überholen.[350] Was die Zahl der Franchise-Lizenzen angeht hat Subway das bereits geschafft.[351]

Im Juni 1999 kam Subway mit dem ersten Restaurant nach Deutschland. Heute sind daraus bereits 418 (Stand: 21. Februar 2007) geworden und jeden dritten Tag öffnet ein

---

345) STARBUCKS COFFEE DEUTSCHLAND GMBH (Hg.): *Freude schenken.* URL: http://www.starbucks.de/de-de/_Our+Stores/_Community+Events/ [21.02.2007, 12:46 MEZ].

346) STARBUCKS COFFEE DEUTSCHLAND GMBH (Hg.): *Guter Kaffee, der Gutes bewirkt.* URL: http://www .starbucks .de/de-de/_Social+Responsibility/_Social+Responsibilities/Guter+Kaffee+der+Gutes+bewirkt.htm [21.02.2007, 09:39 MEZ].

347) *Quelle des Logos:* Subway®

348) GERMAN DEVELOPMENT AGENT TEAM E.V. (Hg.): *Die Welt umspannende Sandwichoffensive.* URL: http://www .subway-sandwiches.de/index.php?id=530 [21.02.2007, 20:13 MEZ].

349) GERMAN DEVELOPMENT AGENT TEAM E.V. (Hg.): *Zahlen & Fakten.* URL: http://www.subway-sandwiches.de/ index.php?id=531 [21.02.2007, 20:56 MEZ].

350) GERMAN DEVELOPMENT AGENT TEAM E.V. (Hg.): *Das Ziel: die weltweite Nummer 1 im Fastfood-Markt zu werden!* URL: http://www.subway-sandwiches.de/index.php?id=542 [21.02.2007, 20:56 MEZ].

351) O.N.: *Subway. Submarine sandwich restaurant chain.* URL: http://www.entrepreneur.com/franchises/subway/ 282839-0.html [20.01.2007, 12:36 MEZ].

neues Restaurant in Deutschland.[352] Bis zum Jahr 2010 sollen daraus sogar 1.500 werden.[353]

Das zentrale Produkt, die so genannten „Subs“, werden immer nach dem gleichen Prinzip aufgebaut: Der Gast stellt aus den 5 Brotsorten, den Fleischvariationen und anderen Zutaten wie Käse, Bacon, Gemüse, Salat und den speziellen Subway-Saucen sein individuelles Sandwich zusammen und entscheidet, ob er das Brot getoastet haben möchte oder nicht.[354] Das Besondere daran ist die frische und individuelle Zubereitung vor den Augen des Gastes.[355] Mit diesem in Deutschland einmaligen Angebot entspricht Subway gleich mehreren Trends in der deutschen Esskultur. Schnelles Hand Held Food, das man aus den frischen Zutaten selbst zu seinem ganz persönlichen Health Food zusammenstellen kann. Auch der deutschen Liebe zum Brot kommt Subway mit seinen Sandwiches entgegen. Seitdem es möglich ist, das „Sub“ auch toasten zu lassen, werden 70 – 80 % der Sandwiches auch so verkauft, denn für Deutsche steht knuspriges Brot für Qualität und Frische.[356] Zusätzlich achtet Subway unter dem Motto „je näher desto besser“ auch auf die Regionalität der frischen Zutaten.[357]

5.4.3 Vapiano[358]

Das erste Vapiano wurde im Oktober 2002 in Hamburg eröffnet. Bereits zwei Jahre später folgte der Einstieg ins Franchising und von November 2004 bis Dezember 2005 entstanden sieben neue Restaurants in ganz Deutschland.[359] Im Jahr 2005 wurde damit bereits ein Umsatz von 10,7 Millionen € erzielt.[360] Mittlerweile ist die Zahl auf 17 Restaurants in den vier Ländern Deutschland, Belgien,

---

352) German Development Agent Team e.V. (Hg.): *Jeden dritten Tag eröffnet ein neues Restaurant!* URL: http:// www.subway-sandwiches.de/index.php?id=529 [21.02.2007, 21:13 MEZ].
353) Mecke, Barbara: *Volle Kraft voraus.* In: food service Nr. 12, Jg. 24 (2006), S.22-23.
354) German Development Agent Team e.V. (Hg.): *Sandwich Konfigurator* URL: http://www.subway-sandwiches .de/index.php?id=517 [21.02.2007, 21:57 MEZ].
355) German Development Agent Team e.V. (Hg.): *Jeden dritten Tag eröffnet ein neues Restaurant!* URL: http:// www.subway-sandwiches.de/index.php?id=529 [21.02.2007, 21:13 MEZ].
356) Mecke, Barbara: *Volle Kraft voraus.* In: food service Nr. 12, Jg. 24 (2006), S.22-23.
357) German Development Agent Team e.V. (Hg.): *Was ist Frische?* URL: http://www.subway-sandwiches.de/ index.php?id=517 [21.02.2007, 21:45 MEZ].
358) *Quelle des Logos:* Vapiano AG.
359) Pfannschmidt-Wahl, Jutta & Wachholz, Marianne: *Pole-Position mit Pasta & Co.* In: food service Nr. 4, Jg. 24 (2006), S.66-73.
360) o.N.: *Erfolgreicher Systemgastronom Vapiano eröffnet in Wien. Pasta, Pizza, Vapiano!* Pressemitteilung vom 05.12.06 URL: http://www.vapiano.de/framemaker.php?section=news&lang=de [23.02.2007, 17:21 MEZ].

Österreich und der Türkei angestiegen. Etwa die Hälfte davon liegt immer noch in der Hand der 4 Eigentümer.[359] Bis Ende 2006 wird ein Nettoumsatz von 24,5 Millionen € mit knapp 1000 Mitarbeitern erwartet.[361] Für das Jahr 2007 sind 16 weitere Restaurants geplant, unter anderem in Washington (drei Outlets), Hamburg (bereits das dritte Outlet) und Dubai.[362]

Angeboten werden Pasta aus der eigenen Pastamanufaktur, Pizza und Salate. Alles wird vor den Augen des Gastes zubereitet, ein Pastagericht ist innerhalb von 2-3 Minuten fertig. Vom Gast wird es dann selbst abgeholt und per Chipkarte bezahlt.[363] Das Design der Restaurants wurde von Star-Designer Matteo Thun kreiert, ist sehr authentisch und wird von natürlichen Materialien wie Holz, Leder und dem „Signature-Element", dem Olivenbaum, dominiert. Dadurch entsteht ein sehr modernes, aber gleichzeitig gemütliches Ambiente.[363]

Vapiano ist der Trendsetter für das Konzept der Neokantine bzw. „Fast-Casual" und wurde dafür im März 2006 mit dem Hamburger Foodservice-Preis in der Kategorie „bahnbrechendes Konzept" ausgezeichnet.[364]

Die besonderen Stärken von Vapiano sind das gute Preis-Leistungsverhältnis und die Qualität der gekochten Speisen,[364] welche durch die Zubereitung vor den Augen des Gastes noch gesteigert wird. Durch den persönlichen Kontakt zum Koch sind auch Sonderwünsche kein Problem.[365] Daher ist das Konzept auch für Menschen mit Lebensmittelallergien geeignet. Durch die Schnelligkeit des Angebots, der Möglichkeit zwischendurch eine gesunde Kleinigkeit zu essen und dem genussvollem Ambiente vereint Vapiano die drei großen Grundbedürfnisse Convenience, Gesundheit und Genuss in einem Konzept.

---

361) vgl.: O.N.: *Erfolgreicher Systemgastronom Vapiano eröffnet in Wien. Pasta, Pizza, Vapiano!* Pressemitteilung vom 05.12.06 URL: http://www.vapiano.de/framemaker.php?section=news&lang=de [23.02.2007, 17:21 MEZ].

362) Vapiano AG (Hg.): Locations. URL: http://www.vapiano.de/framemaker.php?section=locations&lang=de [23.02.2007, 17:35 MEZ].

363) PFANNSCHMIDT-WAHL, Jutta & WACHHOLZ, Marianne: *Pole-Position mit Pasta & Co.* In: food service Nr. 4, Jg. 24 (2006), S.66-73.

364) MENDE, Jan: *Platz da für Pasta.* In: bestseller Magazin für Macher im Marketing 3/2006 [Online im Internet] http://www.vapiano.de/news/place200606.pdf [23.02.2007, 17:35 MEZ].

365) PFANNSCHMIDT-WAHL, Jutta & WACHHOLZ, Marianne: *Pole-Position mit Pasta & Co.* In: food service Nr. 4, Jg. 24 (2006), S.66-73.

5.4.4 Schnitzelei[366]

Seit November 2005 bietet der Berliner Gastronom Stefan Schneck seinen Gästen deutsche bzw. alpenländische Küche, ganz nach dem Motto „kreativ mit Klassikern umgehen“, an.[367] Zuvor hatte Stefan Schneck in den Räumlichkeiten das australische Restaurant „Wooloomooloo“ betrieben, allerdings wegen mangelnder Resonanz aufgegeben. Ganz bewusst ist er bei der Entwicklung des neuen Konzepts dem Trend zur deutschen Küche gefolgt.[368]

Die Schnitzelei verbindet Tradition mit Außergewöhnlichem. Es gibt Schnitzel in allen Variationen, darunter Besonderheiten wie vegetarisches Austernpilz-Schnitzel nach Wiener Art oder Schnitzel aus Bourbon-Vanilleeis. Auf der Karte findet man außerdem deutsche Tapas und Salate. Der Gast kann sie sich aus dem unterschiedlichen Angebot selbst zusammenstellen.[369] Für die Zubereitung der Speisen werden Zutaten aus der Region verwendet. Das Interieur besteht aus klassischen Elementen wie Eichenholz, Ledersesseln und Kerzenlicht. Damit wirkt die Schnitzelei modern, ist aber gleichzeitig sehr gemütlich.[370]

Für dieses innovative Konzept hat Stefan Schneck den Leaders Club Award 2006 erhalten.[371] Außerdem ist eine systemgastronomische Ausweitung des Konzepts nicht auszuschließen und tatsächlich betreibt bereits seit März 2006 der Essener Stadtgarten einen Schnitzelei-Lizenzbetrieb.[372]

Die Schnitzelei zeigt hervorragend, wie gut neu erfundene deutsche Küche und die Positionierung mit einem klaren Konzept beim Gast ankommt. Auch die Regionalität der Zutaten und die Miniaturisierung von Speisen entsprechen den Trends in der deutschen Esskultur.

---

366) *Quelle des Logos:* SCHNECK, Stefan (Hg.): *Speisekarte.* [Online im Internet] URL: http://www.nola.de/ [23.02.2007, 21:49 MEZ].

367) O.N.: *Neue deutsche Welle.* In: gv-praxis Nr. 4, Jg. 34 (2006), S.10-11.

368) APELT, Katja: *Heimische Kost ist angesagt.* In: Allgemeine Hotel- und Gaststättenzeitung Nr. 44, Jg. 106 (2006), S.9.

369) SCHNECK, Stefan (Hg.): *Speisekarte.* [Online im Internet] URL: http://www.nola.de/ [23.02.2007, 21:49 MEZ].

370) SCHNECK, Stefan (Hg.): *About Us.* URL: http://www.nola.de/ [23.02.2007, 22:34 MEZ].

371) APELT, Katja: *Heimische Kost ist angesagt.* In: Allgemeine Hotel- und Gaststättenzeitung Nr. 44, Jg. 106 (2006), S.9.

372) STADTGARTEN GMBH (Hg.): *Über uns.* URL: http://www.stadtgarten-steele.de/essen/wir.html [23.02.2007, 22:53 MEZ].

6 ZUSAMMENFASSUNG

Zusammenfassend ist zu sagen, dass die festgestellten Trends in der deutschen Esskultur und damit auch in der Gastronomie sehr eng mit unserer Gesellschaft und ihrer Wandlung verknüpft sind. Alles was sich in unserer Lebenswelt verändert wirkt sich auch auf unser Essverhalten aus, egal ob es sich dabei um gesellschaftliche, individuelle oder wirtschaftliche Dinge handelt. Selbst Ereignisse wie beispielsweise die Fußball-Weltmeisterschaft im eigenen Land können sich auf die Esskultur auswirken.

Diese ständigen Veränderungen dürfen allerdings nicht zu dem Schluss führen, dass Esskultur beliebig wandelbar ist. Sie ist tief in uns verwurzelt und Grundprinzipien werden über Generationen hinweg beibehalten.

Was die heutigen Trends in der deutschen Esskultur angeht, lassen sich drei Grundrichtungen feststellen. Diese Grundrichtungen sind Genuss, Gesundheit und Convenience. Besonders tief greifend wirken sich Trends aus, wenn sie nicht nur einer Grundrichtung sondern gleich zwei oder drei Richtungen folgen. Dies zeigt sich darin, dass Nahrungsmittel und auch Gastronomie-Konzepte umso erfolgreicher sind, je mehr Grundbedürfnisse des Kunden sie bedienen. Auffällig bei den Trends ist auch, dass sie oft nicht eindeutig voneinander abzugrenzen sind.

Grundsätzlich lässt sich also feststellen, dass je mehr ein Trend den Bedürfnissen der Verbraucher nachkommt, desto eher wird er sich etablieren und die Esskultur nachhaltig verändern.

Alle dargestellten Trends beinhalten gleichzeitig Chancen aber auch Risiken. Dies betrifft alle Beteiligten. Dazu gehören Produzenten, Hersteller, Händler, die Verbraucher selbst, der Staat und die Versorger, zu denen auch die Gastronomie gerechnet werden kann. Um die bestehenden Chancen nutzen zu können ist es unumgänglich, Esskultur als etwas Mehrdimensionales zu sehen und Zusammenhänge zu begreifen. Nur so kann fundiert gehandelt und vorhandene Risiken umgangen werden. Selbst in einem Marktsegment wie die Gastronomie, das jahrelang stagnierte und auch im Moment nur langsam wächst, können so sehr erfolgreiche Konzepte entwickelt werden.

7 Literaturverzeichnis

AC Nielsen (Hg.): *Trend Navigator „Bio“.* [Online im Internet] URL: http://www.acnielsen.de/pubs/documents/ACNielsen_TrendNavigator_Bio.pdf [15.11.2006, 18:02 MEZ].

AC Nielsen (Hg.): *Trend Navigator „Functional Food“.* [Online im Internet] URL: http://www.acnielsen.de/pubs/documents/ACNielsen_TrendNavigator_FunctionalFood_final.pdf [15.11.2006, 18:02 MEZ].

Ahrens, Klaus & Pittner, Hanno: *Patriotismus kocht hoch.* URL: http://www.manager-magazin.de/magazin/artikel/0,2828,454302,00.html [22.02.2007, 01:24 MEZ].

AID (Hg.): *Die Grüne Gentechnik.* 4. überarbeitete Aufl. Bonn: aid Special 3273. 2003.

Alberti, Svenja & Küsel Cornelia: *Konjunktur beflügelt die Branche.* In: Allgemeine Hotel- und Gaststättenzeitung Nr. 41, Jg. 106 (2006), S.1-2.

Althoetmar, Kai: *Biolebensmittel: Märkte, Preise, Gütesiegel.* URL: http://www.wdr.de/tv/markt/service/berichte/20061016_1.phtml [27.10.2006, 21:43 MEZ].

Apelt, Katja: *Heimische Kost ist angesagt.* In: Allgemeine Hotel- und Gaststättenzeitung Nr. 44, Jg. 106 (2006), S.9.

Apollinaris & Schweppes GmbH (Hg.): *Apollinaris.* URL: http://www.apollinaris-schweppes.net/ [22.02.2007, 12:15 MEZ].

Bär, Claudia: *Milch-Alternativen: Der Markt verlangt danach.* URL: http://www.lz-net.de/dossiers/aktuell/pages/show.prl?id=2753&backid=1136 [12.02.2007, 16:43 MEZ].

Beck-Texte: *Lebensmittelrecht.* 2. Aufl. München: Deutscher Taschenbuch Verlag, 2005.

Behre, Marina: *„Convenience schafft Spielraum“* In: Allgemeine Hotel- und Gaststättenzeitung Nr. 42, Jg. 106 (2006), S.24.

Behre, Marina: *Die Retter der Tafelrunde.* In: Allgemeine Hotel- und Gaststättenzeitung Nr. 42, Jg. 106 (2006), S.23.

Bergmann, Karin: *Industriell gefertigte Lebensmittel. Hoher Wert und schlechtes Image?* Berlin; Heidelberg: Springer-Verlag, 1999.

Bertling, Lutz: *Die Health Claims kommen.* In: gv-praxis Nr. 9, Jg. 34 (2006), S.88-89.

Bober, Siegfried: *Marketing-Management in der Gemeinschaftsgastronomie. Konzepte – Methoden – Erfahrungen.* 3. erweiterte und aktualisierte Aufl. Frankfurt/Main: Dt. Fachverlag, 2001.

BOROWSKI, Andrea: *Rote Milch und Pizza Multi.* URL: http://www.sueddeutsche.de/wissen/artikel/369/90279/ [01.11.2006, 20:38 MEZ].

BOSSHAMMER, Ulla: *Amerika-Kult.* In: Lebensmittel Zeitung Spezial Nr. 3, Jg. 11 (2006), S.13.

BOSSHAMMER, Ulla: *Durch dick und dünn.* In: Lebensmittel Zeitung Spezial Nr. 3, Jg. 11 (2006), S.14.

BOSSHAMMER, Ulla: *Gebt den Hausfrauen Zucker.* In: Lebensmittel Zeitung Spezial Nr. 3, Jg. 11 (2006), S.12.

BOSSHAMMER, Ulla: *Revolte wider den Konsum.* In: Lebensmittel Zeitung Spezial Nr. 3, Jg. 11 (2006), S.14.

BRAND, Karl-Werner: *Von der Agrarwende zur Konsumwende? Effekte der Ausweitung des Bio-Markts entlang der Wertschöpfungskette.* In: Ernährungs-Umschau Nr. 7, Jg. 53 (2006), S.267-271.

BRÖHM, Patricia: *Crème de la Crème.* In: Süddeutsche Zeitung Nr. 268, Jg. 62 (2006). S.9.

BROMMER, Ulrike [u.a.]: *Der große ADAC-Führer Entdeckungsreise durch Deutschland – Unser Land und seine Küche.* München; Ostfildern: ADAC Verlag; Fink-Kümmerly + Frey Verlag, 1993.

BUCEJ, Johannes B.: *Slow Food - Lebensqualität durch bewussten Genuss.* In: SLOW FOOD MÜNCHEN (Hg.): *Genießen mit Verstand.* 1.Aufl. München: o.V., 2005.

BUCKENHÜSKES, Herbert: *„Genuss und Ernährung“.* In: DLG E. V. (Hg.): *Genuss-Standort Deutschland. Zukunftsstrategien für Lebensmittel.* Frankfurt/Main: DLG Verlag, 2006, S.49-60.

BÜLDT, Jill: *Leichter Aufwind.* In: gv-praxis Nr. 04, Jg. 34 (2006), S.14.

BUNDESANSTALT FÜR LANDWIRSCHAFT UND ERNÄHRUNG (Hg.): *Auf einen Blick: Informationen zum Bio-Siegel.* Bonn: Landwirtschaftsverlag, 2005.

BUNDESANSTALT FÜR LANDWIRTSCHAFT UND ERNÄHRUNG (Hg.): *Marktimplementierung des Bio-Siegels. Monatsbericht Dezember 2006.* [Online im Internet] URL: http://www.oekolandbau.de/fileadmin/redaktion/dokumente/service/Monatsbericht_12-2006_1.pdf [19.01.2007, 22:39 MEZ].

BUNDESMINISTERIUM FÜR LAND- UND FORSTWIRTSCHAFT, UMWELT UND WASSERWIRTSCHAFT, Österreich (Hg.): *Clean Food – „reine“ Lebensmittel für Allergiker.* URL: http://www.lebensmittelnet.at/article/articleview/45110/1/11763 [03.01.2007, 12:46 MEZ].

BUNDESMINISTERIUM FÜR VERBRAUCHERSCHUTZ, ERNÄHRUNG UND LANDWIRTSCHAFT (Hg.): *Welternährung und Weltlandwirtschaft: Erfahrungen der letzten 50 Jahre.* Schriftenreihe des Bundesministeriums für Verbraucherschutz, Ernährung und Landwirtschaft, Heft 491. Münster: Landwirtschaftsverlag, 2002.

BVE (Hg.): *„Eine starke Stimme...“.* URL: http://www.bve-online.de/ [15.01.2007, 17:31 MEZ].

CARBONARO, Simonetta & VOTAVA, Christian: *Zukunftsstrategien für Lebensmittel. Wege zum Erfolg.* In: DLG E. V. (Hg.): *Genuss-Standort Deutschland. Zukunftsstrategien für Lebensmittel.* Frankfurt/Main: DLG Verlag, 2006, S.63-73.

CHWALLEK, Andreas: *Fairtrade erreicht neue Dimension.* In: Lebensmittel Zeitung Nr. 40, Jg. 58 (2006), S.12.

CMA (Hg.): *Für welche Eigenschaften bei Lebensmitteln würden Sie mehr bezahlen?* CMA-Studie: Bereitschaft für höhere Lebensmittelkosten. In: Catering Management Nr. 3, Jg. 15 (2006), S.11.

CMA (Hg.): *Heimische Lebensmittel kommen an.* In: Blickpunkt Agrar, Ausgabe 1/2006, S.2-3. [Online im Internet] URL: http://www.food-monitor.de/docs-frei/medien/blickpunkt-agrar/BP-Agrar-01-06.pdf [03.11.2006, 13:04 MEZ].

DAMMER, Ursula & WACHHOLZ, Marianne: *Deutsche Küche: Stil-Übungen.* In: *Deutsche Küche II.* Special. S.6-7. In: food service Nr. 2, Jg. 25 (2007).

DANIELZIK, Sandra; LANDSBERG, Beate; MÜLLER, Manfred J. & PUST, Svenja: *Sozioökonomische Einflüsse auf Gesundheit und Übergewicht.* In: Ernährungs-Umschau Nr. 6, Jg. 53 (2006), S.212-217.

DEUTSCHE JUGENDINSTITUT E.V. & STATISTISCHES BUNDESAMT: *Gender-Datenreport. 1. Datenreport zur Gleichstellung von Frauen und Männern in der Bundesrepublik Deutschland.* 2. Fassung. München: 2005. [Online im Internet] URL: http://www.bmfsfj.de/Publikationen/genderreport/2-erwerbstaetigkeit-arbeitsmarktintegration-von-frauen-und-maenner.html [09.01.2007, 13:55 MEZ].

DEUTSCHES TIEFKÜHLINSTITUT E.V.: *Tiefkühlkost Pro-Kopf-Verbrauch in Deutschland.* In: tk-report Nr. 6-7, Jg. 34 (2006), S.14.

DGE (Hg.): *Begriffsbestimmung und Abgrenzung von Lebensmittel-Unverträglichkeiten.* Beratungspraxis 02/2004. URL: http://www.dge.de/modules.php?name=News&file=article&sid=408 [12.02.2007, 13:04 MEZ].

DGE (Hg.): *Ernährungsbericht 2004*. Frankfurt/Main: DGE, 2004.

DS FOOD GMBH (Hg.): *DS Produkte.* URL: http://www.ds4you.com/de/ds-produkte/ [12.02.2007, 18:17 MEZ].

DUNDLER, Agnes & MÜLLER, Dana: *Erwerbsverläufe im Wandel: Ein Leben ohne Arbeitslosigkeit – Nur noch Fiktion?* IAB Kurzbericht, Nr.27, 22.12.2006. [Online im Internet] URL: http://doku.iab.de/kurzber/2006/kb2706.pdf [09.01.2007, 13:55 MEZ].

DÜTHMANN, Christiane: *Essen auf der Überholspur.* In: Lebensmittel Zeitung Spezial Nr. 3, Jg. 10 (2006), S.52-54.

EDEKA SÜDWEST (Hg.): *Es gibt viele Möglichkeiten, die Heimat zu erkunden. Jetzt sogar auf Ihrem Tisch.* URL: http://www.unsereheimat.de/ [06.02.2007, 17:57 MEZ].

EDLER, Antje: *Zahlen & Fakten zum Fairen Handel in Deutschland 2005.* [Online im Internet] URL: http://www.forum-fairer-handel.de/downloadc/61108_zahlen%20fairer%20Handel.pdf [07.02.2007, 12:24 MEZ].

EHI (Hg.): *Handel aktuell. Struktur, Kennzahlen und Profile des deutschen und internationalen Handels – Ausgabe 2006/2007.* Köln: EHI Verlag, 2006.

EISENMENGER, Matthias; PÖTZSCH, Olga & SOMMER, Bettina: *11. koordinierte Bevölkerungsvorausberechnung. Annahmen und Ergebnisse.* Wiesbaden: Statistisches Bundesamt, 2006. [Online im Internet] URL: https://www-ec.destatis.de/csp/shop/sfg/bpm.html.cms.cBroker.cls?cmspath=struktur,vollanzeige.csp&ID=1019439 [02.01.2007, 15:38 MEZ].

ERBERSDORFER, Helmut F. & MEYER, Alfred H. (Hg.): *Praxishandbuch Functional Food.* Losebl.-Ausg. Hamburg: Behr`s Verlag, 1999, Stand 2003.

ERNÄHRUNGSBERATUNG RHEINLAND-PFALZ (Hg.): *Lebensmittelallergien - ein neues Volksleiden?* URL: http://www.am.rlp.de/Internet/global/startpage.nsf/start/Home_Ernaehrung?OpenDocument&ext_location=http://www.ernaehrungsberatung.rlp.de/Internet/global/themen.nsf/b88da5989d640fd2c12570350050d941/f83a7ef28d893717c1256faa00293ecc?OpenDocument [10.02.2007, 18:26 MEZ].

ETSCHELT, Georg: *Kind aus Afrika, Obst aus Neuseeland.* URL: http://www.sueddeutsche.de//kultur/artikel/105/90015/article.html [04.12.2006, 10:21 MEZ].

"FAIR FEELS GOOD." (Hg.): *fair feels good. Eine Informationskampagne zum fairen Handel.* URL: http://www.fair-feels-good.de/fairer-handel.php/cat/1/title/Home [07.02.2007, 15:24 MEZ].

FICHTNER, Ulrich: *Der Klassenmampf.* In: Der Spiegel Nr. 44/2006, S.86-100.

FICHTNER, Ulrich: *Tellergericht.* 2. Auflage. München: Deutsche Verlags-Anstalt, 2004.

FIKENSCHER, Axel: *Tief-Preise genügen nicht.* In: ACNielsen Consumer Insights, Nr. 2, 2006, S.10-11.

FORUM FAIRER HANDEL (Hg.): *Aktuelle Zahlen zum Fairen Handel.* URL: http://www.forum-fairer-handel.de/ [07.02.2007, 12:15 MEZ].

FORUM FAIRER HANDEL (Hg.): *Die Definition des fairen Handels.* URL: http://www.forum-fairer-handel.de/ [07.02.2007, 12:04 MEZ].

FROSTA AG (Hg.): *Wie erfolgreich ist das FRoSTA-Reinheitsgebot?* URL: http://www.frosta.de/index2_faq_reinheitsgebot.html#5 [12.02.2007, 21:59 MEZ].

FRÜNDT, Steffen: *Frust in der Öko-Nische.* URL: http://www.welt.de/data/2006/11/09/1098741.html?prx=1 [09.11.2006, 15:18 MEZ].

FUCHS, Alena: *Trends im Konsumverhalten von Lebensmitteln.* In: LEYRER, Hans-Joachim; STRECKER, Otto & ELLES, Anselm: *Erfolgsstrategien für Lebensmittel.* 1. Aufl. Frankfurt am Main: DLG Verlag, 2004, S.92-103.

GERLING, Michael & KREIMER, Tim: *Status Quo und Perspektiven im deutschen Lebensmittelhandel 2006.* [Online im Internet] URL: http://www.kpmg.de/library/pdf/060904 _Status_quo_und_Perspektiven_im_deutschen_Lebensmitteleinzelhandel_2006_de.pdf [05.10.2006, 16:13 MEZ].

GERMAN DEVELOPMENT AGENT TEAM E.V. (Hg.): *Das Ziel: die weltweite Nummer 1 im Fastfood-Markt zu werden!* URL: http://www.subway-sandwiches.de/index.php?id=542 [21.02.2007, 20:56 MEZ].

GERMAN DEVELOPMENT AGENT TEAM E.V. (Hg.): *Die Welt umspannende Sandwichoffensive.* URL: http://www .subway-sandwiches.de/index.php?id=530 [21.02.2007, 20:13 MEZ].

GERMAN DEVELOPMENT AGENT TEAM E.V. (Hg.): *Jeden dritten Tag eröffnet ein neues Restaurant!* URL: http:// www.subway-sandwiches.de/index.php?id=529 [21.02.2007, 21:13 MEZ].

GERMAN DEVELOPMENT AGENT TEAM E.V. (Hg.): *Sandwich Konfigurator* URL: http://www.subway-sandwiches .de/index.php?id=517 [21.02.2007, 21:57 MEZ].

GERMAN DEVELOPMENT AGENT TEAM E.V. (Hg.): *Was ist Frische?* URL: http://www.subway-sandwiches.de/ index.php?id=517 [21.02.2007, 21:45 MEZ].

GERMAN DEVELOPMENT AGENT TEAM E.V. (Hg.): *Zahlen & Fakten.* URL: http://www.subway-sandwiches.de/ index.php?id=531 [21.02.2007, 20:56 MEZ].

GFK (Hg.): *Schlusssspurt ins Ungewisse.* GfK Consumer Index 09-2006. [Online im Internet] URL: http://www.gfk.com/imperia/md/content/presse/studien_und_publikationen/ consumerindex/ci_09_2006.pdf [09.01.2007, 22:42 MEZ].

GREVE, Bettina: *Öko-Engagement. Grüner Glamour.* URL: http://www.stern.de/lifestyle/leute/576460.html?nv=cb [15.11.2006, 15:52 MEZ].

GROENEVELD, Maike: *Lebensmittel mit Zusatznutzen – Definition und Marktübersicht.* [Online im Internet] URL: http://www.food-monitor.de/docs/lebensmittelsich/allgemeines/dge-lebensmittel-mit-zusatznutzen/Abstract_Definition_Marktuebersicht_%20Dr.%20Maike_Groeneveld.pdf [21.01.2007, 23:29 MEZ].

GROTH, Svenja & PIRICH, Carolin: *Die Öko-Falle.* In: Süddeutsche Zeitung Nr. 30, Jg. 63 (2007). S.38.

HELD, Valentin: *Marshallplan.* URL: http://de.wikipedia.org/wiki/Marshallplan [17.12.2006, 23:54 MEZ].

HERDE, Adina & SCHÄFER, Martina: *Nachhaltige Ernährung und Elternschaft.* In: Ernährung im Fokus Nr. 4 Jg. 6 (2006), S.98-104.

HERRMANN, Anja Karina: *Kaufverhalten bei Innovationen auf dem Lebensmittelmarkt.* 1. Aufl. Wiesbaden: Deutscher Universitäts-Verlag, 2003.

HIRSCHFELDER, Gunther: *Europäische Esskultur.* Frankfurt/Main: Campus Verlag, 2001.

HOLLER, Dietrich: *Convenience: Aus dem Handel auf den Tisch.* URL: http://www.lz-net.de/dossiers/vertriebskonzepte/pages/show.prl?id=1059&backid=1918 [20.01.2006, 15:43 MEZ].

IFD ALLENSBACH (Hg.): *Lebensmittel beim Discounter.* Allensbacher Berichte Nr. 5, 2003. [Online im Internet] URL: http://www.ifd-allensbach.de/news/prd_0305.html [07.11.2006, 21:08 MEZ].

KERSCH, Christina: *Studie: Von der Nische zum Mainstream.* URL: http://www.lz-net.de/dossiers/aktuell/pages/show.prl?id=2693&backid=2675 [25.09.2006, 10:35 MEZ].

KILZER, Franz: *Lebensmittelmarkt – Entwicklungstendenzen und Chancen.* In: *Lebensmittel & Ernährung der Zukunft. Tagungsunterlagen* S.23-25. [Online im Internet] URL: http://www.lebensmittel-der-zukunft.de/Tagungsunterlagen_Gesamt.pdf [02.01.2007, 09:12 MEZ].

KLEMENT, Kornél: *Heraus aus dem tiefgekühlten Dornröschen-Schlaf im Handel.* In: tiefkühl-report Nr. 8, Jg. 10 (2006), S.8-9.

KLIEBISCH, Christoph & LÖSER, Rainer: *Öko-Produkte: Der schwierige Weg aus der Krise.* In: LEYRER, Hans-Joachim; STRECKER, Otto & ELLES, Anselm: *Erfolgsstrategien für Lebensmittel.* 1. Auflage. Frankfurt am Main: DLG Verlag, 2004, S.104-112.

KLOSE, Birgit & SCHMELZ, Barbara: *Der Fleischmythos.* Kassel, Arbeitsbericht des Fachbereichs Stadtplanung und Landschaftsplanung, Heft 72, 1987.

KÖCHER, Renate: *Trends bei Verbraucherbedürfnissen und Qualitätsorientierung.* In: DLG e. V. (Hg.): *Genuss-Standort Deutschland. Zukunftsstrategien für Lebensmittel.* Frankfurt/Main: DLG Verlag, 2006, S.13-28.

LENDLE, Michael: *Wachsende Anforderungen im Außer-Haus-Markt?* In: LEYRER, Hans-Joachim; STRECKER, Otto & ELLES, Anselm: *Erfolgsstrategien für Lebensmittel.* 1. Aufl. Frankfurt am Main: DLG Verlag, 2004, S.178-184.

LEYRER, Hans-Joachim: *Strategieoptionen für den Mittelstand in der Ernährungsbranche.* In: LEYRER, Hans-Joachim; STRECKER, Otto & ELLES, Anselm: *Erfolgsstrategien für Lebensmittel.* 1. Auflage. Frankfurt am Main: DLG Verlag, 2004, S.54-58.

LOVE, John F.: *Die McDonald's Story. Anatomie eines Welterfolges.* Deutschsprachige Ausgabe. München: Wilhelm Heyne Verlag, 1996.

LPV LEBENSMITTEL PRAXIS VERLAG NEUWIED GMBH (Hg.): *Coop: Einsatz für Slow Food.* URL: http://www.lebensmittelpraxis.de/index.php?option=com_content&task=view&id=869&Itemid=135 [19.02.2007, 16:56 MEZ].

MASCHKOWSKI, Gesa: *EU-Parlament stimmt Health-Claim-Verordnung zu.* In: Ernährung im Fokus Nr. 6, Jg. 6 (2006), S.174.

MASCHKOWSKI, Gesa: *Jetzt stehts drauf: Die neue Allergenkennzeichnung.* URL: http://www.innovations-report.de/html/berichte/medizin_gesundheit/bericht-51773.html [15.01.2007, 03:55 MEZ].

MECKE, Barbara: *Volle Kraft voraus.* In: food service Nr. 12, Jg. 24 (2006), S.22-23.

MENDE, Jan: *Platz da für Pasta.* In: bestseller Magazin für Macher im Marketing 3/2006 [Online im Internet] http://www.vapiano.de/news/place200606.pdf [23.02.2007, 17:35 MEZ].

METHFESSEL, Barbara: *Esskultur und familiale Alltagskultur.* [Online im Internet] http://www.familienhandbuch.de/cms/Ernaehrung_Esskultur.pdf [02.01.2007, 15:56 MEZ].

METHFESSEL, Barbara: *REVIS Fachwissenschaftliche Konzeption: Soziokulturelle Grundlagen der Ernährungsbildung.* Paderborner Schriften zur Ernährungs- und Verbraucherbildung, Band 7, Universität Paderborn, 2005. [Online im Internet] URL: http://www.ernaehrung-und-verbraucherbildung.de/docs/07_2005-Soziokulturelle_Grundlagen.pdf [02.11.2006, 22:48 MEZ].

MEYER, Rolf & SAUTER, Arnold: *Regionalität von Nahrungsmitteln in Zeiten der Globalisierung.* Berichte des Büros für Technikfolgen-Abschätzung beim Deutschen Bundestag (TAB). Frankfurt/Main: Deutscher Fachverlag, 2004.

MICHELS, Paul: *Verbrauchertrend Bio. Wachstumsmarkt mit Perspektiven.* In: DLG e. V. (Hg.): *Genuss-Standort Deutschland. Zukunftsstrategien für Lebensmittel.* Frankfurt/Main: DLG Verlag, 2006, S.105-114.

MONTANARI, Massimo: *Der Hunger und der Überfluss. Kulturgeschichte der Ernährung in Europa.* Deutsche Übersetzung. München: C. H. Beck Verlag, 1993.

MÜLLER, Manfred J. & TRAUTWEIN, Elke A.,: *Gesundheit und Ernährung – Public Health Nutrition.* Stuttgart: Eugen Ulmer Verlag, 2005.

MÜLLER, Manfred: *Neue Orientierungshilfe für Restaurants.* [Online im Internet] URL: http://www.wellnessverband.de/newsletter/geniesser/2006_03.html [18.12.2006, 19:00 MEZ].

NAGEL, Johann-Hinrich: *Europas Konsumenten. Daten – Fakten – Trends.* [Online im Internet] URL: http://www.bve-online.de/presse/vortraege/texte/140306/nagel.pdf [27.10.2006, 17:13 MEZ].

O.N.: „Consumer Trust in Food" – ein europäisches Forschungsprojekt. In: richtig essen – gesünder leben. Aktuelles aus Wissenschaft und Praxis Nr. 1, 2005, S.5-7.

O.N.: *20 Jahre Witty's. 1984 – 2004.* URL: http://www.wittys-berlin.de/chronik.html [23.02.2007, 19:51 MEZ].

O.N.: *Agrarpolitik.* URL: http://de.wikipedia.org/wiki/Agrarpolitik [10.01.2007, 19:51 MEZ].

O.N.: *Alfons Schuhbeck Palazzo 2006/2007.* URL: http://www.gastroguide-muenchen.de/specials/schuhbeck_palazzo_04.htm [20.02.2007, 12:12 MEZ].

O.N.: *Außer-Haus-Markt im leichten Aufwind.* In: GVmanager 04/2006, S.10-12.

O.N.: *Bei Milch bald freier Wettbewerb.* In: Lebensmittelzeitung Nr. 42, Jg. 58 (2006), S.22.

O.N.: *Beliebt bei jung und alt. Pizza ist und bleibt ein Renner.* In: tiefkühl-report Nr. 9, Jg. 33 (2006), S.215.

O.N.: *Bodenständig. Neue Zahlen zum Verbraucherverhalten.* In: Lebensmittel Praxis Nr. 6, Jg. 58 (2006), S.54.

O.N.: *Branchenspecial "Nahrung und Genuss"* [Online im Internet] URL: http://www.medialine.de/hps/client/medialn/mluser/obj_sign/WCKjs8gVYv3KfWaab0A3ruYja8bhUVje0XLGDGOIE636bn/medialn_article_maerkte/maerkte/food_U_beverage/branchenspecial/HXCMS_ARTICLE_1121.hbs [29.10.2006, 18:09 MEZ].

O.N.: *Chilled Food.* In: richtig essen – gesünder leben. Aktuelles aus Wissenschaft und Praxis Nr. 1, 2006, S.11. [Online im Internet] URL: http://www.cma.de/content/ernaehrungswissen/richtig-essen-gesuender-leben-archiv.php#Ausgabe%201/2006 [16.01.2007, 03:58 MEZ].

O.N.: *Dem Trend zur neuen Ehrlichkeit auf der Spur.* In: Allgemeine Bäckerzeitung Nr. 51, Jg. 61 (2006), S.9.

O.N.: *Durchblick – Materialien für Lehrerinnen und Lehrer. 7.1 Kennst du die Bundesländer?* [Online im Internet] URL: http://www.westermann.de/werkservice/werkservice_durchblick.xtp [21.12.2006, 00:02 MEZ].

O.N.: *Eatertainment 2015. Gastrowelten zwischen Versorgung und Event.* In: GVmanager Nr. 10/2006, S.16-17.

O.N.: *Eckpunkte zur Nationalen Verzehrsstudie II.* [Online im Internet] URL: http://www.was-esse-ich.de/uploads/media/Eckpunktepapier.pdf [11.01.2007, 14:47 MEZ].

O.N.: *Erfolgreicher Systemgastronom Vapiano eröffnet in Wien. Pasta, Pizza, Vapiano!* Pressemitteilung vom 05.12.06 URL: http://www.vapiano.de/framemaker.php?section=news&lang=de [23.02.2007, 17:21 MEZ].

O.N.: *Ernährung 2007 – die Zukunftstrends.* URL: http://www.food-monitor.de/foodline-infoletter/2006/Dezember/06-12-foodline-aktuell11.htm [28.12.2006, 20:05 MEZ].

O.N.: *Ernährung von Kindern: Zu wenig Obst und Gemüse, zu viel Süßes.* Was-wir-essen-Newsletter 1/2007. URL: http://www.was-wir-essen.de/news/letter_0107.php [11.01.2007, 01:30 MEZ].

O.N.: *Ernährungstrends 2010. In: richtig essen – gesünder leben.* Aktuelles aus Wissenschaft und Praxis Nr. 3, 2002, S.8-9.

O.N.: *Ernährungstrends mit vielen Facetten.* In: GVmanager 9/2006, S.68-69.

o.N.: *Es ist geschafft: Jetzt 1000 Küchen mit Bio-Zertifikat.* Pressemitteilung vom 30.11.2006. [Online im Internet] URL: http://www.fiblgate.org/1000biokuechen/documents/PM_061130_1000KuechenmitBio-Zertifikat.pdf [01.02.2007, 13:24 MEZ].

o.N.: *Essen der Zukunft: Das sind die 4 Megatrends für die nächsten Jahre.* In: Foodline Special 1, Beitrag 4. URL: http://www.food-monitor.de/foodline-infoletter/special/foodline-special1-4.htm [18.10.2006, 12:45 MEZ].

o.N.: *Europabarometer 2006. Genfood: Europäer bleiben skeptisch.* URL: http://www.transgen.de/einkauf/lebensmittel/687.doku.html [07.11.2006, 22:32 MEZ].

o.N.: *FOCUS-Analyse: "Der Markt für Fitness und Wellness. Daten, Fakten, Trends."* [Online im Internet] http://www.medialine.de/hps/client/medialn/mluser/obj_sign/WCKjs8gVYv3KfWaanxw4rDgpCt0BdPHcahb7MIs5VZEki/medialn_article_maerkte/maerkte/gesundheit_U_wellness/marktanalysen/fitness_U_wellness/HXCORE_NAV_5000036.hbs?ext_tgurl=hxcms%2Fproduction_category.hbs [25.01.2007, 10:21 MEZ].

o.N.: *Forsa-Studie zu Essen im Arbeitsalltag.* URL: http://www.wellnessverband.de/news/061010_essenamarbeitsplatz.php [29.10.2006, 09:05 MEZ].

o.N.: *Früher war alles besser. Stimmt nicht!* URL: http://www.aid.de/verbraucher/lebensmittelkrisen_ueberblick.php [18.10.2006, 00:38 MEZ].

o.N.: *Garantiert Bio: EU setzt klare Regeln für den Öko-Landbau.* In: foodline Ausgabe vom 27.10.06. URL: http://www.food-monitor.de/foodline-infoletter/foodline-aktuell7.htm [27.11.2006, 17:13 MEZ].

o.N.: *Gesunde Ernährung? Hälfte der Deutschen ahnungslos.* URL: http://www.wellnessverband.de/news/060819_ernaehrungahnungslos.php [19.08.2006, 20:15 MEZ].

o.N.: *Jetzt 1000 Küchen mit Bio-Zertifikat.* URL: www.ahgz.de/vermischtes/,492006,6129070919.html [08.12.2006, 11:54 MEZ].

o.N.: *Markteinführung von Innovationen. Neue Produkte floppen oft.* In: Allgemeine Fleischer Zeitung Nr. 49, Jg. 123 (2006), S.14.

o.N.: *Neue deutsche Welle.* In: gv-praxis Nr. 4, Jg. 34 (2006), S.10-11.

o.N.: *Neue Spielregeln für das Werben mit Gesundheit.* In: Allgemeine Fleischer Zeitung Nr. 1, Jg. 124 (2007), S.1.

o.N.: *Preisspirale beginnt sich auch bei Bio zu drehen.* URL: http://www.food-monitor.de/foodline-infoletter/2006/Oktober/06-10-foodline-aktuell8.htm [20.02.2007, 21:16 MEZ].

o.N.: *Produkt des Jahres 2007. Die Gewinner*. In: Lebensmittel Praxis Nr. 23, Jg. 58 (2006), S.32.

o.N.: *Regionale Küche voll im Trend.* In: *Marken in Deutschland.* S.6-9. Supplement in GVmanager Nr. 12/2005.

o.N.: *Retro-Trends: Aus Alt mach' Neu.* In: *Deutsche Küche II.* Special. S.12-13. In: food service Nr. 2, Jg. 25 (2007).

o.N.: *Schutz vor Pestiziden sinkt.* URL: http://www.fr-online.de/in_und_ausland/wirtschaft/aktuell/?em_cnt=1037189 [21.12.2006, 18:10 MEZ].

o.N.: *Sonnen Bassermann – Ein Meilenstein der deutschen Esskultur.* URL: http://www.public.sonnen-bassermann.de/index.php?c=c_philosophie.php&sess= [19.12.2006, 14:37 MEZ].

o.N.: *Starbucks: In Europa jetzt über 850 Units.* URL: http://cafe-future.net/aktuell/news/pages/show.prl?id= 11093&type=1 [11.01.2007, 01:18 MEZ].

o.N.: *Steigende Nachfrage. Fisch und Fischerzeugnisse.* In: Lebensmittel Praxis Nr. 19, Jg. 58 (2006), S.52.

o.N.: *Subway. Submarine sandwich restaurant chain.* URL: http://www.entrepreneur.com/franchises/subway/282839-0.html [20.01.2007, 12:36 MEZ].

o.N.: *Tiefkühlkost wächst schneller: Weitere Marktanteile gewonnen.* In: tiefkühl-report Nr. 10, Jg. 33 (2006), S.6.

o.N.: *Top 100 Lieferanten der Welt 2005.* URL: http://www.lz-net.de/rankings/industriewelt/pages/show.prl?id=196 [09.11.2006, 13:12 MEZ].

o.N.: *UNSER LAND - unsere Idee.* URL: http://www.unserland.info/index.php?option=com _content&task=view&id=56&Itemid=75 [30.01.2007, 14:46 MEZ].

o.N.: *UNSER LAND: Ökomanager des Jahres 2003.* URL: http://www.unserland.info/index.php ?option=com_content&task=view&id=115&Itemid=102 [04.02.2007, 10:22 MEZ].

o.N.: *Unsere Produktpalette.* URL: http://www.wittys-berlin.de/products.html [23.02.2007, 19:58 MEZ].

o.N.: *Vier Jahrzehnte DDR-Küche – Historisches im Zeitraffer.* URL: http://www.mdr.de/doku/898482-hintergrund-1673717.html [27.08.2003, 14:25 MEZ].

o.N.: *Wal-Mart in Deutschland - ein Überblick.* URL: http://www.lz-net.de/links/hotlinks/pages/protected/show53679.html# [28.07.2006, 20:15 MEZ].

O.N.: *Wellness-Marktdaten: BBE-Studie Wellness 2015: Erfolg mit Inhalt statt mit Etiketten.* [Online im Internet] URL: http://www.wellnessverband.de/infodienste/marktdaten/bbe_studie.php [29.10.2006, 15:21 MEZ].

O.N.: *Willkommen bei Lohas.* URL: http://www.lohas.de/content/view/6/87/ [30.01.2007, 16:04 MEZ].

O.N.: *Willkommen beim Netzwerk UNSER LAND.* URL: http://www.unserland.info /index.php?option =com_content&task=view&id=120 [04.02.2007, 14:53 MEZ].

O.N.: *WM beflügelt Außer-Haus-Konsum.* In: food-reports Nr. 6, 2006, Beitrag Nr. 7. URL: http://www.food-monitor.de/food-reports/2006/06/food-reports-06-07.htm [15.11.2006, 17:34 MEZ].

O.N.: *Zahl der Woche.* In: Allgemeine Hotel- und Gaststättenzeitung Nr. 45, Jg. 106 (2006), S.9.

OESS, Markus: *Neue Macht-Verhältnisse im deutschen LEH. Es wird noch enger.* In: Lebensmittel Praxis Nr. 7, Jg. 58 (2006), S.10-11.

OLTERSDORF, Ulrich: *Entwicklungstendenzen bei Nahrungsmittelnachfrage und ihre Folgen. Berichte der Bundesforschungsanstalt für Ernährung. Karlsruhe: Bundesforschungsanstalt für Ernährung, 2003.* [Online im Internet] URL: http://www.food-monitor.de/docs/kommark/R_03_01_Teil1.pdf [02.11.2006, 22:57].

OLTMANNS, Brigitte: *Konsumfreudige Klientel.* In: Lebensmittel Praxis Nr. 12, Jg. 58 (2006), S.44-45.

OLTMANNS, Brigitte: *Mehrwert auf die Schnelle.* In: Lebensmittel Praxis Nr. 12, Jg. 58 (2006), S.32-37.

OLTMANNS, Brigitte: *Nutzen verdeutlichen. Gesundes Potenzial.* In: Lebensmittel Praxis Nr. 6, Jg. 58 (2006), S.58-62.

OSUSKY, Linda: *McDonald`s poliert Image mit Umweltkaffee auf – Transfair: „Das ist kein echter Fairtrade-Kaffee“* URL: http://www.food-monitor.de/foodline-infoletter/2007/Februar/07-01-foodline-aktuell14.htm [09.02.2007, 20:22 MEZ].

PFANNSCHMIDT-WAHL, Jutta & WACHHOLZ, Marianne: *Pole-Position mit Pasta & Co.* In: food service Nr. 4, Jg. 24 (2006), S.66-73.

PILS, Ingeborg: *Slow Food hat noch viel Potential.* In: SLOW FOOD MÜNCHEN (Hg.): *Genießen mit Verstand.* 1.Aufl. München: o.V., 2005.

PRESSE- UND INFORMATIONSAMT DER BUNDESREGIERUNG (Hg.): *Grundlagen der grünen Gentechnik.* URL: http://www.bundesregierung.de/nn_774/Content/DE/Artikel/2005/11/2005-11-21-grundlagen-der-gruenen-gentechnik.html [12.01.2007, 01:34 MEZ].

PRESSE UND INFORMATIONSAMT DER BUNDESREGIERUNG (Hg.): *Jahresbericht der Bundesregierung 2005/2006.* Berlin: 2006. [Online im Internet] URL: http://www.bundesregierung.de/Content/DE/Publikation/Bestellservice/__Anlagen/jahresbericht-der-bundesregierung,property=publicationFile.pdf [09.01.2007, 13:55 MEZ].

PÜTTHOFF, Ulrike: *Tiefkühlkost. Klassiker und Nischen.* In: Lebensmittel Praxis Nr. 20, Jg. 58 (2006), S.30-36.

QUECK, Matthias: *Das Premium-Paradox.* In: Lebensmittel Zeitung Spezial Nr. 3, Jg. 10 (2006), S.78-81.

RIPPIN, Markus: *Öko-Landbau. Wachstumstempo bleibt hoch.* In: *ZMP-Jahresbericht 2006/2007.* [Online im Internet] URL: http://www.zmp.de/info/jahresbericht.asp [27.01.2007, 12:14 MEZ].

RITZKA, Margit: *Funktionelle Lebensmittel führen das Feld an. Was für Novel Food gibt es?* URL: http://www.was-wir-essen.de/verbraucher/novel_food_6450.php [11.10.2006, 13:44 MEZ].

ROBERT KOCH-INSTITUT (Hg.): *Gesundheit in Deutschland.* Gesundheitsberichterstattung des Bundes. Berlin: Robert-Koch-Institut, 2006. [Online im Internet] URL: http://www.gbe-bund.de/gbe10/owards.prc_show_pdf?p_id=9965&p_sprache=D&p_uid=gast&p_aid=15997482&p_lfd_nr=2 [23.11.2006, 14:08 MEZ].

RÖTHENBACHER, Karolina: *Functional Food. Trendige Sattmacher mit Zusatznutzen.* In: GVmanager 12/2005, S.21.

RÖTHENBACHER, Karolina: *Mehr Bio – logisch, aber wie?* In: GVmanager 1-2/2006, S.22-23.

RÜDIGER, Jörg: *Der lange Weg zur überall gegenwärtigen Frische auf Vorrat.* tk-report Nr. 6-7, Jg. 34 (2006), S.18.

RÜDIGER, Jörg: *Nachhaltige Fischerei wird zum Erfolgsprodukt.* In: tk-report Nr. 5, Jg. 34 (2006), S. 18-19.

RÜTZLER, Hanni: *Was essen wir morgen?* Wien: Springer Verlag, 2005.

SATTLER, Simone: *Favorit Deutsche Küche.* In: gv-praxis Nr. 11, Jg. 34 (2006), S.13.

SATTLER, Simone: *Gäste & Umsätze im Plus.* In: gv-praxis Nr. 10, Jg. 34 (2006), S.16-18.

SATTLER, Simone: *Spritzige Fitmacher.* In: gv-praxis Nr. 9, Jg. 33 (2005), S.50-51.

SCHEPER, Uwe: *Studie untersucht Einkaufsverhalten.* In: aid infodienst, aid-Presseinfo Nr. 43/06 vom 25.10.06. URL: http://www.talkingfood.de/presse/presseschau/TITEL-Studie_untersucht_Einkaufsverhalten,3657.html [02.11.2006, 10:47 MEZ].

SCHMIDT, Peter: *Die Inszenierung des Genusses.* In: DLG e. V. (Hg.): *Genuss-Standort Deutschland. Zukunftsstrategien für Lebensmittel.* Frankfurt/Main: DLG Verlag, 2006, S.227-238.

SCHNECK, Stefan (Hg.): *About Us.* URL: http://www.nola.de/ [23.02.2007, 22:34 MEZ].

SCHNECK, Stefan (Hg.): *Speisekarte.* [Online im Internet] URL: http://www.nola.de/ [23.02.2007, 21:49 MEZ].

SCHRÖDER, Dino: *Starbucks plant bis zu 30 Coffee-Shops in Hamburg.* URL: http://www.welt.de/print-welt/article699845/Starbucks_plant_bis_zu_30_Coffee-Shops_in_Hamburg.html [24.02.2007, 03:57 MEZ].

SCHULZ, Hans-Jürgen: *Klasse statt Masse.* In: Lebensmittel Zeitung Nr.13, Jg. 58 (2006), S.44-45.

SLOW FOOD DEUTSCHLAND E.V. (Hg.): *„Essen, was man retten will".* URL: http://www.slowfood.de/arche/essen_was_man_retten_will/ [21.02.2007, 11:12 MEZ].

SLOW FOOD DEUTSCHLAND E.V. (Hg.): *Die Passagiere.* URL: http://www.slowfood.de/arche/passagiere/ [21.02.2007, 11:25 MEZ].

SLOW FOOD DEUTSCHLAND E.V. (Hg.): *Gut, sauber und fair.* URL: http://www.slowfood.de/ [21.01.2007, 10:23 MEZ].

SLOW FOOD DEUTSCHLAND E.V. (Hg.): *Wie Slow Food entstand.* URL: http://www.slowfood.de/wirueberuns/entstehung/ [21.02.2007, 09:37 MEZ].

STADTGARTEN GMBH (Hg.): *Über uns.* URL: http://www.stadtgarten-steele.de/essen/wir.html [23.02.2007, 22:53 MEZ].

STAHMANN, Friederike: *Der Markt wird immer bunter.* In: Lebensmittel Praxis Nr. 9, Jg. 58 (2006), S.54-57.

STARBUCKS COFFEE DEUTSCHLAND GMBH (Hg.): *Die Firmengeschichte.* URL: http://www.starbucks.de/de-de/_About+Starbucks/Die+Firmengeschichte.htm [21.02.2007, 09:31 MEZ].

STARBUCKS COFFEE DEUTSCHLAND GMBH (Hg.): *Freude schenken.* URL: http:// www.starbucks.de/de-de/_ Our+Stores/_Community+Events/ [21.02.2007, 12:46 MEZ].

STARBUCKS COFFEE DEUTSCHLAND GMBH (Hg.): *Guter Kaffee, der Gutes bewirkt.* URL: http://www .starbucks.de/de-de/_Social+Responsibility/_Social+Responsibilities /Guter+Kaffee+der+Gutes+bewirkt.htm [21.02.2007, 09:39 MEZ].

STARBUCKS COFFEE DEUTSCHLAND GMBH (Hg.): *Ihr Starbucks Lieblingsgetränk.* URL: http://www.starbucks. de/de-de/_Favorite+Beverages/ [21.02.2007, 09:39 MEZ].

STARBUCKS COFFEE DEUTSCHLAND GMBH (Hg.): *Starbucks in Deutschland.* URL: http://www.starbucks.de/de-de/_About+Starbucks/Starbucks+in+Deutschland.htm [21.02.2007, 09:39 MEZ].

STARBUCKS COFFEE DEUTSCHLAND GMBH (Hg.): *Über Starbucks.* URL: http://www.starbucks.de/de-de/_About+Starbucks/ [21.02.2007, 09:51 MEZ].

STATISTISCHES BUNDESAMT (HG.): *Datenreport 2006.* Schriftenreihe, Band 544. Bonn: Bundeszentrale für politische Bildung, 2006. [Online im Internet] URL: https://www-ec.destatis.de/csp/shop/sfg/bpm.html.cms.cBroker.cls?cmspath=struktur,vollanzeige.csp&ID=1019108 [16.10.2006, 16:10 MEZ].

STATISTISCHES BUNDESAMT (Hg.): *Leben in Deutschland. Haushalte, Familien und Gesundheit - Ergebnisse des Mikrozensus 2005.* [Online im Internet]. URL: http://www.destatis. de/presse/deutsch/pk/2006/mikrozensus_2005i.pdf [12.12.2006, 14:28 MEZ].

STEVERDING, Andrea: *Mercer-Studie zum Lebensmitteleinzelhandel in Deutschland Renaissance der Supermärkte.* URL: http://www.innovations-report.de/html/berichte/studien/bericht-74474.html [17.01.2007, 17:34 MEZ].

TAPPESER Beatrix; BAIER A.; DETTE B. & TÜGEL H: *Die blaue Paprika:* Globale Nahrungsmittelproduktion auf dem Prüfstand. Basel; Boston; Berlin: Birkhäuser Verlag, 1999.

TEUTEBERG, Hans Jürgen: *Der essende Mensch zwischen Natur und Kultur.* In: LpB (Hg.): Der Bürger im Staat Nr. 4, Jg. 52 (2002) S.179-187.

TRANSFAIR (Hg.): *Wer sind wir?* URL: http://www.transfair.org/ueber_transfair/wer_sind_wir/index.php [30.01.2007, 15:29 MEZ].

UNDP (Hg.): *Human Development Report 2005.* [Online im Internet] URL: http://hdr.undp.org/reports/global/2005/pdf/HDR05_HDI.pdf [16.01.2007, 00:53 MEZ].

VAPIANO AG (Hg.): Locations. URL: http://www.vapiano.de/framemaker.php?section=locations&lang=de [23.02.2007, 17:35 MEZ].

VON HALLER, Albert: *Was werden wir morgen essen?* 1. Auflage. Düsseldorf und Wien: Econ-Verlag, 1966.

WACHHOLZ, Marianne: *Heimat auf Höhenflug.* In: *Deutsche Küche II.* Special. S.4-5. In: food service Nr. 2, Jg. 25 (2007).

WEINER, Sarah: *Die Slow Food Fibel*, S.5. [Online im Internet] URL: http://www.slowfood.de/wirueberuns/die_slow_food_fibel/ [24.01.2007, 17:12 MEZ].

WENZEL, Mathias: *Ausgewählte Rechtsgebiete.* Unveröffentlichte Lehrunterlagen (SS 06) an der FH Weihenstephan/Triesdorf.

WEUFFEL, Katrin: *Außer-Haus-Markt erwacht.* [Online im Internet] URL: http://www.zmp.de/mafo/downloads/Ausser-Haus-Markt_Entwicklungen_im_1._HJ._2006.pdf [15.02.2007, 0:25 MEZ].

WILHELM, Sybille: *Hanni Rützler: „Die Muster verschieben sich".* [Online im Internet] URL: http://www.lz-net.de/dossiers/aktuell/pages/show.prl?id=1062&backid=1918 [20.01.2007, 16:45 MEZ].

WILL, Birgit: *Bio-Produkte: Mehrwert für den Mainstream.* URL: http://www.lz-net.de/dossiers/sortimente/pages/show.prl?id=2636&backid=1793 [27.09.2006, 17:35 MEZ].

WILL, Birgit: *Supermärkte: Bio für Alle.* URL: http://www.lz-net.de/dossiers/ sortimente/pages/show.prl?id=1873&backid=1793 [27.09.2006, 17:28 MEZ].

WILL, Birgit: *Verknappung: Kampf um Rohstoffe.* URL: http://www.lz-net.de/dossiers/ sortimente/pages/show.prl?id=2893&backid=1793 [28.12.2006, 19:37 MEZ].

WITTENHAGEN, Julia: *Essen mit Allergiepass.* In: Lebensmittel Zeitung Spezial Nr. 3, Jg. 11 (2006), S.42-43.

ZMP (Hg.): *Der Deutsche Biomarkt boomt.* Aktuelle Marktgrafik: 16.10.2006 [Online im Internet] URL: http://www.zmp.de/presse/agrarwoche/marktgrafik/grafik_2006_42.asp [13.11.2006, 14:45 MEZ].

ZMP (Hg.): *Die Marktanteile der Discounter in Deutschland.* Aktuelle Marktgrafik: 06.02.2005. [Online im Internet] URL: http://www.zmp.de/presse/agrarwoche/marktgrafik/zbgrafik06.pdf [13.11.2006, 10:21 MEZ].

ZMP (Hg.): *Essen außer Haus.* In: ZMP MafoBriefe 12/2005, S.5.

ZMP (Hg.): *Fettarme Milchprodukte im Trend.* Aktuelle Marktgrafik: 19.06.2006. URL: http:// www.zmp.de/presse/agrarwoche/marktgrafik/grafik_2006_25.asp [13.11.2006, 23:50 MEZ].

ZMP (Hg.): *Gastronomie im Aufschwung.* [Online im Internet] URL: http://www.zmp.de/presse /agrarwoche/ marktgrafik/grafik_2006_40.asp [13.11.2006, 15:21 MEZ].

ZMP (Hg.): *Geflügel beflügelt Fleischkonsum.* Aktuelle Marktgrafik: 27.02.2006. URL: http:// www.zmp.de/presse/agrarwoche/marktgrafik/grafik_2006_09.asp [13.11.2006, 23:56 MEZ].

ZMP (Hg.): *Gibt es statistische Zahlen zum Marktanteil von regional vermarkteten Produkten im Vergleich zu den Gesamtmengen?* URL: http://www.zmp.de/info/faq/antwort_029.asp [04.02.2007, 16:19 MEZ].

ZMP (Hg.): *Käse in Deutschland immer beliebter.* Aktuelle Marktgrafik: 10.07.2006. URL: http://www.zmp.de/presse/agrarwoche/marktgrafik/grafik_2006_28.asp [13.11.2006, 23:31 MEZ].

ZMP (Hg.): *Ökologische Landwirtschaft stetig gewachsen.* Aktuelle Marktgrafik: 20.02.2006 [Online im Internet] URL: http://www.zmp.de/presse/agrarwoche/marktgrafik/grafik_2006 _08.asp [13.11.2006, 14:45 MEZ].

ZMP (Hg.): *Weniger Fleisch, mehr Gemüse und Joghurt. Der Lebensmittelverbrauch im Wandel von 1995 bis 2005.* ZMP Nachrichten: 01.12.2006 – Deutschland. URL: http://zmp.de/news/NewsContent.asp?DatumsZahl=20061201&RowCount=6&DataId=251 64&rPos=0 [06.12.2006, 23:56 MEZ].

ZYBER, Erik: *Sieben Siegel. Immer öfter kaufen Verbraucher fair gehandelte Produkte.* URL: http://zeus.zeit.de/text/online/2006/47/Fairer-Handel [24.11.2006, 11:31 MEZ].

Anhang

Anhang 1: Marktübersicht über Trend-Produkte in Deutschland

Bei der Marktübersicht über Trend-Produkte in Deutschland handelt es sich um einen Produktkatalog, in dem verschiedene Nahrungsmittel aus dem Lebensmitteleinzelhandel aufgeführt sind. Dies soll der Kategorisierung der festgestellten Trends aus dem dritten Abschnitt dieser Studie dienen.

Für den Katalog wurden aussagekräftige Produkte als Beispiele ausgewählt, die oft erst seit kurzem auf dem Markt sind. Daher besteht kein Anspruch auf Vollständigkeit.

Produktkategorie	Produkt	Beschreibung	Sorten	Hersteller	enstpricht dem Trend zu									
					Convenience	Hand Held Food	Functional Food	Health Food	Clean Food	Premium Produkte	Bioprodukte	Ethic Food	Regionalität	deutsche Küche
Brot- und Backwaren	Lieken Urkorn Fit & Vital	Eine wertvolle Kombination aus Calcium und Vitamin D3 fördert den Knochenaufbau. Die Zugabe des prebiotischen Ballaststoffes Inulin kommt der Darmflora zugute.		Mestemacher GmbH			•	•						
Brot- und Backwaren	Lieken Urkorn Bio	Aus vollem Korn in der eigenen Mühle frisch gemahlen. Reich an wichtigen Ballaststoffen. Biologischer Anbau verzichtet auf chemische Spritz- und Düngemittel und schont unsere Umwelt.	- Bio Vollwert-Brot - Bio Vollkorn-Brot - Bio Dinkel + Grünkern - Bio Dreikorn - Bio Sonnenblumen - Bio Volles Korn - Bio Leinsamen-Brot - Bio-Schulbrot	Mestemacher GmbH				•			•			
Brot- und Backwaren	Wasa Crack & Taste	knusprig leichte Cracker in Portionspackungen	- Salted - Tomato & Cheese	Barilla Wasa Deutschland	•	•		•						

Produkt-kategorie	Produkt	Beschreibung	Sorten	Hersteller	enstpricht dem Trend zu									
					Convenience	Hand Held Food	Functional Food	Health Food	Clean Food	Premium Produkte	Bioprodukte	Ethic Food	Regionalität	deutsche Küche
Brot- und Backwaren	Brandt Minis	Traditioneller Zwieback im Kleinstformat	- Mini Markenzwieback - Kokos - Schoko - Milch - Vollkorn-Zartbitter	Brandt GmbH + Co. KG	•	•								
Eiscreme	Mövenpick Conchiertes Premium Eis	extra lange und fein gerührt für vollen Geschmack bei weniger Fett	- Bourbon Vanille - Chocolate Chips - Maple Walnuts - Erdbeer	Nestlé Schöller				•		•				
Eiscreme	Mövenpick Buttermilch - Aloe Vera Eis	"Wohlfühleis"	- Buttermilch - Aloe Vera	Nestlé Schöller				•		•				

Produkt-kategorie	Produkt	Beschreibung	Sorten	Hersteller	enstpricht dem Trend zu									
					Convenience	Hand Held Food	Functional Food	Health Food	Clean Food	Premium Produkte	Bioprodukte	Ethic Food	Regionalität	deutsche Küche
Eiscreme	Langnese Cremissimo "Von Herzen"	gefühlsbetonte Eiskreationen	- Erste Liebe - Wolke Sieben - Süsse Küsse	Unilever Deutschland GmbH				•		•				
Feinkost	Homann Vital	Feinkostsalate mit weniger Cholesterin, weniger Fett und weniger Kalorien speziell für "Best Ager"	- Thunfischsalat - Hähnchenbrustsalat - Lauch-Schinken-Salat - feiner Fleischsalat	Homann Feinkost GmbH & Co. KG	•			•						
Feinkost	Heinz Tomato Ketchup light	voller Geschmack bei 45 % weniger Kalorien und 50 % weniger Zucker		H.J. Heinz GmbH				•						

Produkt-kategorie	Produkt	Beschreibung	Sorten	Hersteller	enstpricht dem Trend zu									
					Convenience	Hand Held Food	Functional Food	Health Food	Clean Food	Premium Produkte	Bioprodukte	Ethic Food	Regionalität	deutsche Küche
Fertig-gerichte	Maggi Hot Pockets	Gefüllte Teigtaschen	- Chili Con Carne - Hot Chicken Käse - Mexican Style	Nestlé Deutschland GmbH	•	•								
Fertig-gerichte	Knorr Asia	asiatische Nudelgerichte für die Zubereitung in der Pfanne	- gebratene Nudeln Bami Goreng - gebratene Nudeln Curry - gebratene Nudeln Soya Sauce	Unilever Deutschland	•									
Fertig-gerichte	Dr. Oetker Pizza Snack	Mikrowellen-Snack für den schnellen Genuss	- Salame - Diavolo - Tonno - Hawai - Quattro Formaggi	Dr. August Oetker Nahrungsmittel KG	•	•								

Produkt-kategorie	Produkt	Beschreibung	Sorten	Hersteller	entspricht dem Trend zu									
					Convenience	Hand Held Food	Functional Food	Health Food	Clean Food	Premium Produkte	Bioprodukte	Ethic Food	Regionalität	deutsche Küche
Fertig-gerichte	Maggi Natur Pur	schnelle und natürliche Suppen ohne Zusatzstoffe	- Tomaten Cremesuppe - Edelpilz Cremesuppe - Champignons Cremesuppe - Blumenkohl-Broccoli Cremesuppe - Bio Gemüsebrühe	Nestlé Deutschland AG	•			•	•		(•)			
Fertig-gerichte	Piccolinis	Snack für genussvolle Momente.	- Diavolo - Thunfisch - Elsässer Art - Salami - Schinken - Tomate-Mozzarella - Drei Käse	Wagner Tiefkühlprodukte GmbH	•	•								
Fertig-gerichte	frische Pasta	Pasta ist in nur 2 Minuten zubereitet	verschiedene Sorten	Hilcona AG	•					•				

Produkt-kategorie	Produkt	Beschreibung	Sorten	Hersteller	enstpricht dem Trend zu									
					Convenience	Hand Held Food	Functional Food	Health Food	Clean Food	Premium Produkte	Bioprodukte	Ethic Food	Regionalität	deutsche Küche
Fertig-gerichte	frische Saucen	Italienische Pasta-Saucen, die sich mit allen Teigwaren kombinieren lassen.	verschiedene Sorten	Hilcona AG	•					•				
Fertig-gerichte	Fischstäbchen	mit MSC-Zeichen	verschiedene Packungsgrößen	iglo GmbH	•							•		
Fertig-gerichte	Gourmet Mahlzeiten	umhüllt von einer Folie, für schonendes Dampfgaren in der Mikrowelle, fertig in 8 - 10 Minuten	- Wildlachs-Filet Blattspinat - Hähnchen-Filet Frischkäse-Bärlauch - Hähnchen-Filet Curry-Ananas - Buntbarsch-Filet Curry-Kokos	Frosta AG	•			•	•	•				

Produkt-kategorie	Produkt	Beschreibung	Sorten	Hersteller	enstpricht dem Trend zu									
					Convenience	Hand Held Food	Functional Food	Health Food	Clean Food	Premium Produkte	Bioprodukte	Ethic Food	Regionalität	deutsche Küche
Fertig-gerichte		glutenfreie Fertiggerichte	- Gnocchi mit Tomatensauce - Lachspenne - Lasagne - Pizza - Cannelloni	DS Food GmbH	•				•					
Fertig-gerichte	Knorr Suppen im Aromapack	Suppen im 570 ml Aromapack, ausreichend für 2 Personen	- Tomatencreme Suppe mit sonnengetrockneten Tomaten & Mascarpone - Kartoffelcreme Suppe mit Landwurst und Bärlauch - Tomaten-Paprika Suppe mit feurigem Pfeffer - Toskanische Rindfleisch Suppe mit mediterranen Kräutern und Olivenöl - Waldpilz Suppe mit Champignons und Pfifferlingen	Unilever Deutschland GmbH	•					•				
Fette und Öle	Meggle die Kräuter-Tube	Kräuterbutter in der Tube, wiederverschließbar und leicht zu portionieren		Molkerei Meggle GmbH & Co. KG	•									

Produkt-kategorie	Produkt	Beschreibung	Sorten	Hersteller	enstpricht dem Trend zu									
					Convenience	Hand Held Food	Functional Food	Health Food	Clean Food	Premium Produkte	Bioprodukte	Ethic Food	Regionalität	deutsche Küche
Fette und Öle	Meggle die leichte Rolle	Kräuterbutter fettreduziert		Molkerei Meggle GmbH & Co. KG	•			•						
Fette und Öle	becel proaktiv	Produkte zur aktiven Senkung des Cholesterinspiegels		Unilever Deutschland GmbH			•	•						
Fisch und Fisch-erzeugnisse	Appel Heringsfilets Wellness	Gluten- und Laktosefrei und reich an Omega-3-Fettsäuren. Drei Varianten versprechen innere Balance, Harmonie oder neue Energie. Die perfekte Verbindung von Genuss und Wohlbefinden.	- Harmonie - Balance - Energie	Appel Feinkost GmbH	•		•	•						

Produkt-kategorie	Produkt	Beschreibung	Sorten	Hersteller	enstpricht dem Trend zu									
					Convenience	Hand Held Food	Functional Food	Health Food	Clean Food	Premium Produkte	Bioprodukte	Ethic Food	Regionalität	deutsche Küche
Fisch und Fisch-erzeugnisse	Appel Lachs Lunch	Lachsfiletswürfel mit Gemüse und Kartoffeln in drei Saucen, fix & fertig zum Verzehr, denn der Löffel ist gleich mit dabei. Im Büro, zu Hause oder unterwegs - Appel Lachs-Lunch lässt sich so jederzeit und überall genießen!	- Italian Tomato - Indian Curry - Mexican Chili	Appel Feinkost GmbH	•			•						
Fisch und Fisch-erzeugnisse	FRIEDRICHS Frisch + fertig	frische und fertige Snacks aus Fisch	- Wildlachs-Sticks mit Aioli-Dip - Lachs-Bällchen - Lachs-Nuggets - Knusper-Garnelen mit Asia-Dip	Gottfried Friedrichs KG	•									
Fix-Produkte	iglo Kräuter-Fix	tiefgekühlte Kräutermisching mit Gewürzkomponenten	- für Geschnetzeltes "Jäger Art" - für Spaghetti Bolognese - Kräuter-Sahne-Hähnchen - Mediterrane Schnitzel - Pasta Pesto - Seelachs in Kräuter-Dill-Rahm	iglo GmbH	•			•						

Produkt-kategorie	Produkt	Beschreibung	Sorten	Hersteller	enstpricht dem Trend zu									
					Convenience	Hand Held Food	Functional Food	Health Food	Clean Food	Premium Produkte	Bioprodukte	Ethic Food	Regionalität	deutsche Küche
Gemüse	iglo Bio-Dampfgemüse	tiefgefrorene Gemüsemischung, fein gewürzt	- Gemüsegericht mit Reis - Gemüsemischung mit Babykarotten	iglo GmbH	•			•			•			
Gemüse	Hengstenberg Apfelrotkohl	Rotkohl aus dem Beutel, soll v.a. jüngere Konsumenten angesprechen		Hengstenberg GmbH & Co. KG	•									•
Getränke	Active O2	Sauerstoffwasser mit mindestens 60 mg Sauerstoff je Liter	- Active O2 Sport - Active O2 Fitness	Adelholzener Alpenquellen GmbH			•	•		•				

Produkt-kategorie	Produkt	Beschreibung	Sorten	Hersteller	enstpricht dem Trend zu									
					Convenience	Hand Held Food	Functional Food	Health Food	Clean Food	Premium Produkte	Bioprodukte	Ethic Food	Regionalität	deutsche Küche
Getränke	Lipton Ice Tea Green	Eistee mit wenig Zucker, ohne Farb- und Konservierungsstoffe	- grüner Tee & Limone	Unilever Deutschland				•	•					
Getränke	Lipton Ice Tea Balance	Wellness-Eistee mit wenig Zucker	- grüner Tee mit Zitrone - grüner Tee mit Jasmin	Unilever Deutschland				•						
Getränke	Knorr Vie	Mix aus Obst und Gemüse, der 50% der empfohlenen Tagesmenge an Obst und Gemüse enthält	- Orange, Banane, Karotte - Banane, Kürbis, Kiwi - Apfel, Karotte, Erdbeer - Ananas, Passionsfrucht, Mais	Unilever Deutschland GmbH	•	•		•						

Produkt-kategorie	Produkt	Beschreibung	Sorten	Hersteller	enstpricht dem Trend zu									
					Convenience	Hand Held Food	Functional Food	Health Food	Clean Food	Premium Produkte	Bioprodukte	Ethic Food	Regionalität	deutsche Küche
Kaffee, Tee, Kakao	Kräutertees „Harmonie für Körper & Seele	Die harmonischen Mischungen bieten allen Teetrinkern die Möglichkeit, ihre Stimmungen mit dem passenden Tee individuell zu beeinflussen.	- FREU DICH - INNERE RUHE - BLEIB JUNG - MAGENFEIN - TRÄUM SCHÖN - EINFACH SCHÖN - HOL DIR KRAFT	Teekanne GmbH & Co. KG				•		•				
Kaffee, Tee, Kakao	Meßmer Kultur-Tee	Klassische Werke z.B. Shakespeare dienen als Vorlage und emotionalisieren Früchtetee	- Romeo und Julia - Sommernachtstraum - Vier Jahreszeiten	Ostfriesische Tee Gesellschaft Laurens Spethmann				•		•				
Knabber-artikel	funny-frisch Chipsfrisch delight	30% fettreduziert + voller Geschmack	- Paprika - Crème fraîche	Intersnack Knabber-Gebäck GmbH & Co. KG				•						

Produkt-kategorie	Produkt	Beschreibung	Sorten	Hersteller	enstpricht dem Trend zu									
					Convenience	Hand Held Food	Functional Food	Health Food	Clean Food	Premium Produkte	Bioprodukte	Ethic Food	Regionalität	deutsche Küche
Knabber-artikel	funny-frisch Asia Chips	aus Cassava (Knolle aus Südostasien) mit asiatischen Gewürzen und weniger als 15% Fett	- Thai Chili Style - Shanghai Style	Intersnack Knabber-Gebäck GmbH & Co. KG				•						
Knabber-artikel	Pringles Light aromas	Leicht und aromatisch, mit hochwertigen Ölen und Gewürzen, 33% weniger Fett	- Original - Red Pepper - Sour Cream and Onion - Spicy Thai - Greek Style Cheese Flavour	Procter & Gamble				•		•				
Milch und Milch-produkte	Yakult	Gesundheitsgetränk aus Japan, das aktive Shirota-Gesundheitsbakterien enthält	- Yakult original - Yakult light	Yakult Deutschland GmbH		•	•	•						

Produkt-kategorie	Produkt	Beschreibung	Sorten	Hersteller	enstpricht dem Trend zu									
					Convenience	Hand Held Food	Functional Food	Health Food	Clean Food	Premium Produkte	Bioprodukte	Ethic Food	Regionalität	deutsche Küche
Milch und Milch-produkte	Nestlé LC1	Probiotisches Joghurtprodukt mit Lactobacillus LC1	- LC1 Joghurt (pur, Vanilla, Traubenzucker) - LC1 Drink (Original, Vanilla, Multifrucht)	Nestlé Deutschland AG		•	•	•						
Milch und Milch-produkte	Mövenpick Smoothies	Hoher Anteil an Fruchtfleisch dadurch gesunder Snack oder Fruchtportion für unterwegs.	- Fruchtdrink (Mango/Maracuja, Blutorange/Apfel) - Fruchtjoghurtdrink (Erdbeere/Guave, Ananas/Mango)	J. Bauer GmbH & Co. KG	•	•	•	•						
Milch und Milch-produkte	Milram Frühlingsquark Aktiv	verdauungsfördernder Kräuterquark mit wenig Fett		Nordmilch AG	•		•	•						

Produkt-kategorie	Produkt	Beschreibung	Sorten	Hersteller	entspricht dem Trend zu									
					Convenience	Hand Held Food	Functional Food	Health Food	Clean Food	Premium Produkte	Bioprodukte	Ethic Food	Regionalität	deutsche Küche
Milch und Milch-produkte	Bärenmarke Schaum mit Alpenmilch	Schaum mit Alpenmilch aus der Sprühflasche für Cappuccino & Co., ohne Konservierungsstoffe und ungesüßt		Allgäuer Alpenmilch GmbH	•									
Milch und Milch-produkte	Fruchtzwerge	ohne Konservierungsstoffe und ohne künstliche Aromastoffe		Danone GmbH				•	•					
Milch und Milch-produkte	MinusL	laktosefreie Kuhmilch, zur Ernährung bei Laktoseintoleranz geeignet	verschiedene Milchprodukte	OMIRA Oberland-Milchverwertung GmbH				•	•					

Produkt-kategorie	Produkt	Beschreibung	Sorten	Hersteller	enstpricht dem Trend zu									
					Convenience	Hand Held Food	Functional Food	Health Food	Clean Food	Premium Produkte	Bioprodukte	Ethic Food	Regionalität	deutsche Küche
Milch und Milch-produkte	Buko Lakto minus	laktosefreier Frischkäse		Arla Foods				•	•					
Nährmittel	Barilla Integrali	Vollkornpasta aus 100% Vollkorn-Hartweizengrieß, durch ein spezielles Mahlverfahren entsteht ein helles Endprodukt	- Spaghetti N.5 - Pennette Rigate - Pipe Rigate - Fusilli	Barilla Wasa Deutschland				•						
Obst & Gemüse	Schwartau Fruit2Day zum Löffeln	Die tägliche Portion Obst in zwei Bechern zur Gesundheitsvorbeugung	- Erdbeer - Apfel - Birne - Maracuja - Banane - Apfel - Mango - Pfirsich	Schwartauer Werke GmbH & Co.KGaA	•	•		•						

Produkt-kategorie	Produkt	Beschreibung	Sorten	Hersteller	enstpricht dem Trend zu									
					Convenience	Hand Held Food	Functional Food	Health Food	Clean Food	Premium Produkte	Bioprodukte	Ethic Food	Regionalität	deutsche Küche
Obst & Gemüse	Schwartau Fruit2Day in der Flasche	Die tägliche Portion Obst in einer Flasche zur Gesundheitsvorbeugung	- Erdbeer - Orange - Birne - Maracuja - Ananas - Banane - Mango - Pfirsich	Schwartauer Werke GmbH & Co.KGaA	•	•		•						
pikante Snacks	Crispers	Nüsse im Teigmantel für unterwegs	- Crispers-Chili - Crispers-Paprika	Ültje GmbH		•								
pikante Snacks	Corny pepp	Snacks im wiederverschließbaren Becher	- Paprika - Cheese & Onion	Schwartauer Werke GmbH & Co.KGaA		•		•						

Produkt-kategorie	Produkt	Beschreibung	Sorten	Hersteller	enstpricht dem Trend zu									
					Convenience	Hand Held Food	Functional Food	Health Food	Clean Food	Premium Produkte	Bioprodukte	Ethic Food	Regionalität	deutsche Küche
Süßwaren	PopChoc	kleine Snackportionen der klassischen Riegel im wiederverschließbarem Standbeutel	- KitKat PopChoc - Lion PopChoc	Nestlé Deutschland AG		•								
Süßwaren	Mentos zuckerfrei	klassisches Kaubonbon ohne Zucker	- Mint - Frucht - Kirsche - Joghurt-Pfirsich	CFP Brands Süßwarenhandels GmbH				•						
Süßwaren	Zuckerfreie Dickmann`s	Schaumküsse ohne Zucker mit 30 % weniger Kalorien		Grabower Süsswaren GmbH				•						

Quelle der Fotos: eigene Bilder

Anhang 2: Mögliche funktionelle Lebensmittelbestandteile und ihre Wirkung

funktioneller Bestandteil	Beispiele	biologische Wirkung
Ballaststoffe	Inulin	prebiotische Wirkung
	Oligofruktose	prebiotische Wirkung
	Psyllium	cholesterinsenkend
Lipide	Omega-3- und Omega-6-Fettsäuren	Risikoreduktion von Herz-Kreislauferkrankungen, entzündungshemmend
sekundäre Pflanzenstoffe	Carotinoide	Zellschutz, Risikoreduktion bei Krebs und Herz-Kreislauferkrankungen, Stimmulierung des Immunsystems
	Phytosterine	cholesterinsenkend, Risikoreduktion von Herz-Kreislauferkrankungen, Vorbeugung von Dickdarmkrebs
	Phytohormone	Vorbeugung von hormonabhängigen Tumoren
	Flavonoide	Risikoreduktion von Herz-Kreislauferkrankungen, antimikrobielle und krebsvorbeugende Wirkung
	Phenolsäuren	krebsvorbeugend, antimikrobiell und antioxidativ
	Lycopin	Risikoreduktion von Herz-Kreislauferkrankungen, Vorbeugung von Brust-, Prostata- und Magen-Darm-Krebs, evtl. Vorbeugung von Anstrengungsasthma
	Lutein	wichtig für die Funktion des Auges, beugt evtl. der Macula-Degeneration vor, schützt vor Gefäßablagerungen, schützt zusammen mit anderen Carotinoiden vor Darmkrebs
Probiotika	Lactobacillus	Magensäureresistent, stimuliert das darmeigene Immunsystem, Verbesserung der Darmfunktion, positive Wirkung auf die Darmflora, beugt Durchfallerkrankungen vor
	Bifidusbakterium	wie Lactobacillus
Vitamine	Vitamin A	wichtig für den Sehvorgang und die Regeneration von Haut und Schleimhäuten
	Ascorbinsäure	Zellschutz, Krebsvorbeugung, Stärkung des Immunsystems
	Vitamin E	Zellschutz, Krebsvorbeugung, Schutz vor Herz-Kreislauferkrankungen
	B-Vitamine	B1: Bedeutung für den Energiestoffwechsel, B2: Energiehaushalt der Zelle, B6: Eiweißstoffwechsel, B12: Zellwachstum, Bildung von Blutzellen
	Folsäure	wichtig für den Eiweißstoffwechsel und Bildung der roten Blutkörperchen evtl. Risikominderung für Neuralrohrdefekte bei Neugeborenen
Mineralstoffe	Calcium	Bildung von Knochen- und Zahnsubstanz, Stützfunktion im Skelett, wichtig für die Blutgerinnung, Muskelkontraktion und Osteoporoseprävention
	Magnesium	Enzymaktivator, Erregungsleitung von Muskeln und Nerven, Muskelkontraktion, Aufbau von Knochen und Sehnen wichtig bei Muskelschwäche, Herzrythmusstörungen, Schwindel und Krämpfen
	Kalium	Regulation des Wasserhaushalts, Enzymaktivator, wichtig bei Muskelschwäche, Herzrythmusstörungen, Schwindel und Krämpfen
	Eisen	Bestandteil des roten Blutfarbstoffs, wichtig für den Sauerstofftransport im Blut
	Jod	Bestandteil der Schilddrüsenhormone, wichtig für Muskelaufbau, Kohlenhydrat- und Fettstoffwechsel
	Fluorid	Zahnschmelzbildung
	Selen	Radikalfänger und Schutzfunktion für Zellwände

Quelle: eigene Darstellung, ohne Anspruch auf Vollständigkeit[373]

373) vgl.: HERRMANN, Anja Karina: *Kaufverhalten bei Innovationen auf dem Lebensmittelmarkt.* 1. Aufl. Wiesbaden: Deutscher Universitäts-Verlag, 2003, S.50-61.

Die Autorin

TERESA BLESS, Diätassistentin und Dipl.-Ing. (FH) für Ernährung und Versorgungsmanagement, Studium an der FH Weihenstephan, Abt. Triesdorf 2002-2007, derzeit tätig für die Dean&David Franchise GmbH als Produkt- und Konzeptentwicklerin in München.